얼마나 ❀ 잘되려고 ❀

얼마나 잘되려고

뉴진스님(윤성호) 지음

더모던
Themodern L

들어가는 말

해 뜨기 직전이 가장 어둡다

솔직히 고백하면 책을 쓴다는 건 나에게 모험이었다. 그동안 책을 내자는 제안은 여러 차례 받았지만 내가 그럴 만한 능력이 되나 싶어 완곡하게 고사만 해 왔다. 그런데 어느 날 쏟아지는 인스타 DM을 받으며 책을 쓰고 싶다는 생각이 들었다. 방송에서 내가 한 이야기를 듣고 너무 공감이 돼서 울었다는 그 말이 계속 가슴에 와서 박혔다. 이분들도 나처럼 고통스러운 시간을 지나왔구나, 내가 그랬던 것처럼 한 치 앞도 안 보이는 터널을 지나고 그 터널의 끝에서 나와 이분들이 만난 거구나, 라는 생각이 드니 이제는 책을 쓸 수 있겠다 싶었다.

유독 눈에 띄어서 그런 건지는 모르겠지만 내가 받은 DM에도, 방송 출연 영상에 달린 댓글에도 울었다는 내용이 많았다. 사실 내용 자체가 놀라운 건 아니었다. 이분들 역시 어렵고 힘든 순간을 겪어 봤기에 눈물이 나는 건 자연스러운 반응이라고 생각했다. 다만 그 마음을 내게 표현해 주는 건 놀라우면서도 감사한 일이었다.

5

더 잘 됐으면 좋겠다, 응원하겠다는 댓글을 보면서 내가 얼마나 불쌍해 보이면 이런 말을 해 주실까도 싶었다. 솔직히 정말 힘든 시기를 보낸 것은 맞다. 코로나 팬데믹이 모든 일상을 마비시켰을 때 내가 섰던 무대도 사라졌고 정말 열심히 기획했던 유튜브 계정도 해킹당했다. 방송에서는 얼마나 잘되려고 이러나, 라는 생각이 들었다고 했지만 처음부터 그런 생각을 한 것은 아니었다. 나도 사람인 이상 당연히 놀랄 수밖에 없었다. 겨우 잡고 있던 동아줄이 맥없이 떨어져 나가는 느낌이었다.

그래도 다시 마음을 추스를 수 있었던 이유는 지금은 힘들어도 계속 그런 것은 아니라고 생각했기 때문이었다. 왜 이렇게 힘든 일이 생길까, 어쩌면 이렇게 앞이 캄캄하기만 할까 싶어 치열하게 이유를 찾았고 결국 한 가지 결론을 얻었다.

'해 뜨기 직전이 가장 어둡다.'

언젠가 들었던 이 구절만 머릿속에 계속 맴돌아서 앞으로 정말 잘되려고 이렇게 힘든가 보다, 라는 생각을 했다. 사실 이 말은 프랑스의 유명한 격언이다. 아무리 고통스러워도 지금의 고비를 넘기면 좋은 일이 생긴다는 의미인데 정말로 좋은 일이 생기려고 힘든 거라며 마음을 다잡았다.

어쩌면 상황이 나아지길 간절히 바라는 마음에 이런 생각을 했을 수도 있다. 격언은 격언일 뿐 곧 좋은 일이 생길 거라는 보장도 없고 그저 근거 없는 믿음일 뿐이라고 비관할 수도 있었다. 하지만 적어도 이것 하나는 확실히 알고 있었다. 부정적인 생각이 내게 가져다줄 유익은 없으며 인생은 돌고 돈다는 것.

'이 또한 지나가리라.'

내가 가장 좋아하는 불교 명언이다. 나는 이 말을 고통도 결국 지나간다는 뜻으로 해석했다. 그리고 고통에도 끝이 있다는 사실을 알면, 고통에 휘둘리지 않을 수 있다고 보았다. 돌이켜 보면 이렇게 생각한 덕분에 내 삶은 변화될 수 있었다. 숨이 턱턱 막힐 만큼 어렵고 힘들어도 고통역시 끝나는 때가 있다고 믿었고 그래서 하루하루를 충실하게 살아 낼수 있었다.

유명한 격언이든 불교 명언이든 내가 의미를 부여해 주지 않으면 결국 글자에 지나지 않는다. 그래서 어떤 말이 마음에 와 닿으면 입으로만 읊는 것이 아니라 행동으로 실천하며 내 것으로 만드는 일이 중요하다.

당장 힘들고 고달프더라도 이 또한 지나간다는 사실을 알고 다음을 준비하는 사람에게는 분명 좋은 일이 생긴다. 나는 이것을 그동안의 경험을 통해 수차례 확인했다. 그래서 적어도 이 책을 읽는 분들은 기억했으면 한다. 세상의 어떤 고통도 결국 끝이 있고 내가 준비되어 있어야 기회가 왔을 때 잡을 수 있다는 사실을.

어릴 때의 나와 성인이 된 이후의 내가 다르듯 사람도 변하고 세상에도 영원한 것은 없다. 힘든 시기 역시 마찬가지다. 마냥 나쁘기만 한 삶도, 마냥 좋기만 한 삶도 없다. 그러니 비록 지금은 벅차고 힘들어도 이 시기가 지나면 좋은 일이 생길 차례이니 기회가 찾아 왔을 때를 대비하는 지혜를 갖췄으면 한다.

불교에서는 모든 생명체가 윤회(輪廻)한다는 믿음이 있다. 심지어 천상계에 머무는 신들마저도 간혹 인간 세계에 내려와서 생로병사의 삶을 산다고 한다. 그들이 인간의 삶을 경험하는 이유는 사람이 인생을 살면서 겪는 시련이 곧 기회가 되기 때문이란다.

아프고 괴로운 일을 겪더라도 그 안에 기회가 숨겨져 있고, 죽을 만큼 혹독한 시련도 결국 지나간다는 사실을 알면 위기 속에서도 기회를 잡을 수 있다. 물론 어려움 속에서 희망을 본다는 것이 말처럼 쉬운 일은 아니다. 그럼에도 불구하고 스스로를 다잡는 그 의지만이 나를 구할 수 있다. 그러니 되는 일이 없어도 낙담하지 말고 기회가 왔을 때를 대비하자. 그럼 운명은 고난을 이겨 내고 미래를 준비한 나에게 반드시 보상을 해 줄 것이다.

여담으로 최근에 알게 된 사실인데 해 뜨기 직전이 가장 어둡다는 말은 과학적으로는 틀리다고 한다. 빛의 굴절 때문에 해 뜨기 전에는 주변이 밝아질 수밖에 없고 하루 중 가장 어두운 시간은 밤 12시~새벽 1시경이란다. 그런데 재미있는 사실은 해 뜨기 직전이 가장 어둡지는 않아도 기온이 가장 낮은 시간대라고 한다. 생명체가 살아가려면 따뜻한 온도와 밝은 빛이 필요한데 어둡고 추우면 생명력은 움츠러들 수밖에 없다.

어쩌면 지금 힘든 시기를 지나고 있는 분들은 인생이 춥고 어둡다고 느낄 수도 있을 것 같다. 만약 그런 인생의 겨울을 보내고 있는 분이 있다면 아무리 겨울이 추워도 반드시 봄이 온다는 사실을 기억했으면 한다. 추위가 기승을 부려도 겨울이 지나면 따뜻한 봄이 오듯이 우리 삶도 어둡기만 할 수는 없으며 찬란하게 빛날 수 있는 시기가 오는 법이니까.

2025년 1월
한겨울의 추위 속에서
다시 찬란한 봄을 기다리며

차례

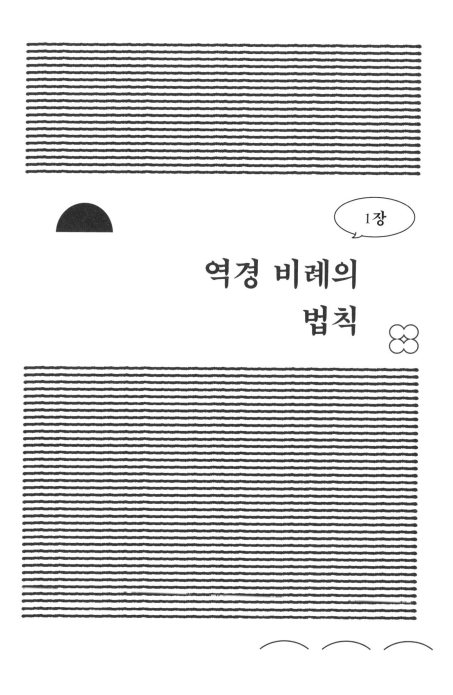

역경 비례의
법칙

인풋과
아웃풋

매일 아침 눈을 뜨면 지키는 루틴이 있다. 일어나자마자 30분은 스트레칭을 해 주는데 워낙 오랫동안 해 와서 지금은 습관이 된 지 오래다. 최근에는 아침에 하는 운동이 두뇌를 활성화시켜 준다는 이야기를 들었다. 언어 공부를 할 때 집중력이 좋다는 이야기를 종종 들었는데 아무래도 아침마다 스트레칭을 한 덕을 본 것 같다.

책을 쓰기로 마음을 먹은 뒤 꼭 하고 싶은 이야기를 생각해 보니 가장 먼저 떠오른 생각이 이거였다. 지금 정말 힘들다면 루틴을 짜서 매일 아침 6시에 일어나 3개월만 그대로 해 볼 것, 운동을 하든 책을 읽든 아니면 다른 걸 하든 간에 더도 말고 석 달만 지속하면 분명 삶에 변화가 올 거란 이야기를 하고 싶었다.

이 내용을 제일 먼저 언급하는 이유는, 인생이 잘 풀리지 않을수록 생활을 규칙적으로 유지한 덕을 내가 톡톡히 보았기 때문이다. 지금 되는 일도 없는데 생활 역시 불규칙하다면 안타깝지만 앞으로 좋은 일이 생기지 않을 확률이 높다. 생활의 리듬이 무너지면 그만큼 시간을 무의미하게 흘려보내기 쉽고 그러면 내가 잡을 수 있는 기회도 비껴갈 수 있기 때문이다.

미래를 준비한다는 건 주어진 시간을 잘 관리한다는 뜻이기도 하다. 수입이 많든 적든, 집에 돈이 많은 금수저이든 가난한 흙수저이든 시간은 누구에게나 똑같이 주어진다. 그 시간을 잘 활용하고 관리하면 최소한 지금보다는 삶의 질을 업그레이드할 수 있다.

조금 냉정하게 보일 수도 있지만 나는 노력도 하지 않으면서 힘들다고 이야기해선 안 된다고 생각한다. 물론 최선을 다해 노력했지만 결과가 좋지 않은 경우를 두고 하는 말이 아니다. 세상에는 참 잔인한 편견이 있어서 '성공하지 못한 이유는 충분히 노력하지 않았기 때문이다.' 라고 생각하는 사람들이 있다. 당연히 나는 이 말에 동의하지 않는다.

다만 누구에게나 공평하게 주어지는 시간을 의미 있게 사용한 뒤에야 성과를 내지 못했을 때 힘들다는 말을 할 수 있는 거라고 생각한다. 시간을 무의미하게 흘려보내 놓고 되는 일이 없다고 불평하는 사람에게 세상은 호의적이지 않다.

반대로 시간을 들여 무엇인가를 꾸준히 익히고 내 것으로 만든 사람에게는 나태하게 시간을 흘려보낸 사람보다 더 많은 기회가 주어지기 마련이다. 다소 늦어지더라도 시기의 문제일 뿐 수고하고 공들인 만큼 언젠가는 기회가 온다는 사실을 나는 그동안의 경험을 통해 확신한다.

특히 어떤 목표를 달성하기 위해 꾸준히 시간을 투자하고 있다면 가장 강력한 경쟁력을 갖추고 있다고 생각하면 된다. 성실한 노력이 쌓여 얻은 실력만큼 성공을 보장해 주는 것은 없다.

'열정적으로 살아라. 그러면 고통에서 벗어날 것이다.'

_법구경 제 21구

불교 경전 중 하나인 법구경에 나오는 구절이다. 나는 이 구절을 힘들수록 더 열심히 살라는 말로 이해했다. 보통 사람들은 문제가 생겼을 때 외부에서 원인을 찾는 것에 익숙해져 있다. 남 탓, 환경 탓, 혹은 사회 탓을 하면서 주변이 도와주질 않아 일이 틀어졌다는 식으로 결론짓는 것을 좋아한다.

하지만 그런 접근 방식으로는 어떤 문제도 해결할 수가 없다. 결국 해결책은 내 안에 있기 때문이다. 문제의 원인이 어디에 있든 나 말고는 아무도 내 문제를 해결해 줄 수 없다는 사실을 알아야 한다. 그래서 힘들수록 더 열심히 더 열정적으로 살아야 하는 것이다. 그러다 보면 상황도 나아지고 고통에서 벗어날 수 있을 것이다.

그런데 더 열심히, 더 열정적으로 산다는 건 무슨 뜻일까? 내 경우 더 열심히 산다는 건 꾸준히 인풋과 아웃풋을 만들어 내는 것을 말한다. 이두 개념을 한 마디로 정리하면 투입과 도출이다. 예를 들어 독서가 인풋이라면 글쓰기는 아웃풋이다. 책을 읽었으면 거기서 끝나는 것이 아니라 글쓰기라는 결과물이 나와야 인풋과 아웃풋의 개념이 성립되는 것이다. 여기서 강조하고 싶은 건 인풋을 넣었으면 그에 따른 아웃풋이 있어야 진짜 실력을 쌓을 수 있다는 점이다.

아무것도 하지 않으면 어떤 것도 이루지 못하는 것은 당연한 일이다. 그래서 나는 삶이 변화되길 원한다면 인풋과 아웃풋부터 만들어 내야 한다고 생각한다. 여기서 잊지 말아야 할 것이 있는데 인풋과 아웃풋은 서로 세트라는 점이다. 인풋만 지속적으로 투입하고 아웃풋을 하고 있지 않다면 마지막에 남는 것은 아무것도 없다. 그동안 들인 시간도 노력도 의미 없이 퇴색돼 버릴 수 있다.

學而不思則罔 학이불사즉망
思而不學則殆 사이불학즉태

배웠는데 생각하지 않으면 남는 게 없고
생각만 하고 배우지 않으면 위태롭다.

춘추 시대의 유학자인 공자가 남긴 말이다. 1500년 전 세상을 살다 간 공자의 말에도 인풋과 아웃풋의 개념이 들어 있다. 그의 말처럼 단순히 지식만 습득(인풋)하고 아무런 생각(아웃풋)도 하지 않는다면 결국 남는 것은 없다. 생각만 많고 배우지 않는 것 또한 마찬가지다. 어떤 일을 하던 인풋을 했다면 결과물을 내놓아야 온전한 실력을 쌓을 수 있다.

독서와 글쓰기에 비유해서 설명했지만 인풋과 아웃풋은 여러 맥락에서 활용할 수 있다. 개념을 조금 확장시켜 보면 고난 역시 일종의 인풋이라고 할 수 있다. 시련을 바탕으로 성장이라는 아웃풋이 나오면 어려움을 극복할 수 있다. 반대로 고난은 계속해서 투입(인풋)되는데 성장(아웃풋)이 이뤄지지 않는다면 그저 시련에 굴복해 버린 경험만 한 개 더 늘어날 뿐이다.

그래서 나는 힘들수록 더 의식적으로 좋지 않은 습관을 멀리했다. 보통 일이 잘 풀리지 않으면 술이나 담배 등에 의존하는 사람이 많은데 나는 힘들수록 좋지 않은 것을 더 자제해야 한다고 생각했다. 그렇지 않아도 힘든데 술까지 들어가면 몸은 더 힘들어할 수밖에 없다. 그렇게 조금씩 몸이 망가져 가면 그 뒤 좋은 운이 들어와도 기회를 잡기 어렵다.

시련에 꺾이느냐 그것을 이겨 내고 발전하느냐는 오로지 내 의지에 달려 있다. 저절로 상황이 좋아지길 기다리기만 하거나 남들과 똑같이 반응하지 말고 고통이 투입(인풋)되었다면 지금보다 나은 사람이 되라는 뜻으로 받아들이길 바란다. 그러면 성장이라는 아웃풋을 이뤄 낼 수 있을 것이고 시련이 큰 만큼 그것을 극복해 낸 것에 대한 보상을 확실히 받을 것이다. 이건 내 이름을 걸고 장담한다.

눈뜨기도
싫던 날

지금까지 살면서 가장 힘들었던 시기를 물으면 나는 주저 없이 2023년도를 꼽는다. 그때 내가 힘들었던 이유는 명백하다. 정말 의욕을 갖고 열심히 해 오던 일이 하루아침에 공중분해되어 버렸기 때문이다.

그것도 뭔가 이유가 있어서가 아니라 밑도 끝도 없는 악의를 가진 사람 때문에 벌어진 일이라 더 아프고 더 참담했다. 한번이라도 상대방의 입장에서 생각했다면 차마 그런 일은 할 수 없었을 텐데 지금도 나는 그 사건을 일으킨 사람의 마음을 이해하지도 납득하지도 못한다. 이미 지나간 일인데도 사고를 처음 목도했을 때의 놀람과 이후 밀려들던 막막함과 서러움 때문에 그때 이야기를 하다 보면 어김없이 목이 메고 만다.

사실 시작은 괜찮았다. 4년 동안 이어오던 유튜브 채널을 개편하고 새 콘테츠를 기획해 영상을 올릴 때까지는 아무 문제도 없었다. 끝나지 않을 것 같은 코로나도 풀리고 일상의 풍경도 예전으로 돌아가고 있을

1장 ❀ 역경 비례의 법칙

시기여서 올해(2023년)는 많은 분들이 일어났으면 좋겠다는 뜻에서 일어나, 라는 콘텐츠를 기획한 것도 나쁘지 않았다. 새 콘텐츠를 내놓은 뒤 조회 수도 준수하게 나왔고 지인들이 한 번씩 출연해 주면서 상승세도 탔다. 시작한 지 한 달 정도 됐을 때는 이메일로 광고도 들어와 이거 괜찮겠구나 싶어 은근한 기대도 하게 되었다.

그런데 그날 아침, 청천벽력 같은 일이 벌어졌다. 습관대로 눈뜨자마자 유튜브 채널을 확인했는데 어제까지만 해도 있었던 내 얼굴이 모조리 사라져 있었다. 대신 그 자리에 처음 보는 낯선 얼굴이 있는데 어떻게 된 일인지 사태를 파악하기까지 두뇌 회로가 멈춘 것처럼 멍한 채로 휴대폰만 보고 있었다.

결국 해킹당했다는 사실을 깨달았고 이후 아예 채널 자체가 사라지면서 나는 각고의 노력을 들여가며 진행하던 일을 강제로 탈취당하고 말았다. 촬영과 편집을 도와준 직원들과 그간 내 채널에 출연해 주신 많은 분들의 얼굴이 스쳐 지나가는데 주체할 수 없이 눈물이 났다. 코로나 기간 동안 어려웠지만 이제 다시 한번 해 보자는 마음으로 새롭게 다잡았던 멘탈이 와르르 무너져 내린 순간이었다.

그날 이후 나는 아침에 눈뜨기도 싫을 만큼 정신적으로 큰 충격을 받았다. 당장 뭘 해야 될지도 모르는 상태였으니 미래에 대한 기대도 없는 것이 당연했다. 더는 나를 찾는 사람도 없고, 열심히 준비하고 공들이던 일은 하루아침에 증발해 버려서 뭔가가 잘못돼도 단단히 잘못됐다는 본능적인 위기감이 들었다.

옛말에 죽으라는 법은 없다고 했는데 왜 이렇게 일이 꼬일까, 불러 주는 데가 없으니 내가 뭐라도 해야 돼서 정말 열심히 했는데 어디서부터 뭐가 잘못되었길래 이 지경이 됐지? 생각은 꼬리에 꼬리를 물고 이어졌고 답을 얻을 때까지 나는 책상 아래에 들어가 숨죽이고 있었다. 그때는 그 비좁고 꽉 막힌 곳이 세상에서 가장 편한 곳이었다.

그렇게 책상 아래에서 움츠리고 있는데 문득 예전에 누군가한테서 들은 이야기가 생각났다. 미국에 있을 때 지진이 난 적이 있는데 그때까지 살면서 지진이 일어나는 걸 본 적이 없어서 처음에는 그게 지진인 줄도 몰랐다고 한다. 그런데 바닥이 계속 흔들리고 식탁에 올려 두었던 유리병이 옆으로 쓰러지는 걸 보고 그제야 아, 이게 지진이구나 하면서 실감이 났다고 했다. 조금 당황스럽기도 해서 그럴 때는 어떻게 해야 되는지 현지 사람들에게 물어보니 우선 책상 밑에 들어가 지진이 가라앉을 때까지 기다리는 게 좋다고 했단다. 강도가 심해지면 전등 같은 것이 떨어져 다칠 수도 있다고. 그래서 두어 번 정도 지진이 났을 때 책상 밑에 들어가 잦아들기를 기다렸다는데 문득 그 이야기를 들었던 기억이 나면서 이런 생각이 들었다.

'지진이 난 것도 아닌데 지금은 내가 책상 밑에 들어가 있네.'

자연재해인 지진은 아니지만 나 역시 발밑의 땅을 잃어버린 거 같은 허탈감과 좌절을 느끼고 있었다. 그런데 책상 밑에 들어가 움츠리고 있는 내 모습이 영 낯설고 어울리지 않는 것 같았다. 그걸 자기객관화라고 할 수 있을지는 모르겠지만 세 뼘도 안 되는 비좁은 공간에 움츠리고 있는 내가 정말 어색해 보일 것 같았다. 그래서 다시 정신을 부여잡고 운동에 모든 에너지를 쏟았다. 머릿속이 복잡할수록 몸을 움직여야 정리가 된다는 건 예전부터 잘 알고 있었다.

해 뜨기 전이 가장 어둡다.
좋은 일이 생기면 나쁜 일이 생긴다.
쓴맛을 느끼면 단맛을 느낄 수 있다.

강박에 가까울 정도로 운동을 하면서 계속 곱씹었던 말들이다. 그러면서 얼마나 잘되려고 이렇게 힘든 거야? 하는 생각을 반복했고 그때 오랫동안 피웠던 담배도 끊었다. 힘들수록 몸에 좋지 않은 것들을 멀리해야 내가 살겠구나 싶었다.

'살다 보면 다 살아지더라.'

내가 살면서 들은 말 중 가장 좋아하는 말이다. 특히 암흑 같던 작년을 보내고 올해 꿈같은 일들이 일어나면서 그 어느 때보다 이 말이 정말 와닿았다. 진짜 살아지네? 정말 이런 일이 생기네? 누군가는 우연의 일치일 뿐이라고 할 수도 있겠지만 산전수전, 공중전도 모자라 바닥 뚫고 지하철까지 내려갈 정도로 진짜 바닥을 기어 본 사람은 안다. 버티다 보면 살아지고 살다 보면 이런 일이 다 있어? 할 정도로 정말 좋은 일이 생긴다는걸.

아침에 눈뜨기도 싫을 만큼 무덤 속 같은 하루하루를 보내다가 다시 정신줄을 잡고 버텨 내니 정말 봄날 같은 날도 오더라. 지금 이 말을 할 수 있어 감사하고 행복하다. 그리고 내 계정을 해킹한 사람은 계속 꽤씸해 할 거지만 나 대신 채널에 올라와 있던 가수 리한나한테는 고마운 마음을 갖고 있다. 덕분이라고 하기에는 어폐가 있지만 그 일이 전화위복이 돼서 새로운 걸 생각할 수 있었고 더 성장하고 준비할 수 있었다.

물론 그 가수는 나란 사람이 있다는 것도 잘 모를 거고 해커가 자기 라이브 영상을 틀려고 내 계정을 해킹했다는 사실은 더더욱 모를 것이다. 하지만 그게 중요한 것은 아니다. 위기는 기회로 바꿀 수 있고 적어도 이 책을 읽는 분들은 최소한 이것은 아실 것이다. 위기가 기회로 바뀌면 정말 좋은 일이 생긴다는걸.

한 가지 바람이 있다면 내가 그랬듯이 누구나 얼마든지 전화위복을 계기로 새로운 기회를 잡을 수 있고 그것이 잭팟이 돼서 돌아올 수도 있다는 걸 확신했으면 좋겠다. 그럼 이 책을 쓰려고 용기를 낸 것이 좀 더 보람될 거 같다.

저도
그냥 살아 볼게요

2023년이 내 인생 최악의 해였다면 2024년은 어리둥절할 정도로 모든 상황이 반전된 놀라운 해였다. 정말 많은 것이 바뀌고, 많은 것이 주어진 한 해였지만 기억에 남는 일 중 하나가 정말 오랜만에 여러 예능 프로그램에 출연한 것이다.

불과 1년 전만 해도 인기 예능 프로그램에 출연할 날이 다시 올 거라곤 생각하지 못했을 뿐더러 아침에 눈뜨기가 싫을 정도로 앞날이 막막하게만 느껴졌던 시기를 지나온 터라 더 각별하게 다가왔다. 그런데 방송이 되고 유튜브에 출연 영상이 업로드된 이후 예능 출연은 내게 다른 의미로 더 감동적이고 특별한 경험이 되었다.

'너무 고마워요. 같이 울었어요. 그리고 저도 그냥 살아 볼게요.'

유튜브 영상에 달린 댓글인데 살아 보겠다는 그 말이 너무 고맙게 다가왔다. 물론 이 댓글 말고도 정말 많은 분들이 댓글을 달아 주셨고 하나 하나 감사하고 소중하게 생각하고 있다. 그 댓글들을 읽으며 내가 지나온 어려운 고비들은 사실 나 혼자 넘은 게 아니라는 생각도 했다. 당시 나는 힘들었지만 내게 손 내밀어 주는 인연들이 있었고 그에 힘입어 어려운 시기를 잘 지나온 것이었다. 어쩌면 살아 보겠다고 댓글 남겨 주신 그분 또한 다른 분들의 위로와 응원을 받으며 고비를 넘고 있는 것은 아닐까 하는 생각을 했다. 물론 그 안에는 내가 보내는 응원도 포함된다.

'살다 보면 살아진다.'

기회가 있을 때마다 나는 이 말을 좋아한다는 이야기를 자주 한다. 아무리 힘들어도 어떻게든 살다 보면 살아진다는 이 말만큼 용기를 주는 말도 없는 것 같다. 내가 유독 이 말에 위로를 받는 이유는 엄청나게 애쓰지 않아도 나에게 호의를 보이고 기회를 주는 인연들 덕분에 어려운 시절을 넘어 지금까지 살아가고 있기 때문이다.

인생을 살아가면서 늘 긍정적이고 활기차게 살아갈 수 있으면 좋겠지만 항상 그럴 수만은 없는 것이 삶이기도 하다. 지치고 힘들어서 주저앉고 싶을 때 가까이에 있는 사람들 덕분에 숨이 쉬어지는 때가 누구나 인생에 한 번은 있을 것이다. 나 역시 내가 뭔가를 해 준 것이 없는데도 너 이거 한번 해 볼래? 하며 기회를 주고 좋은 제안을 해 주는 사람들 덕분에 다시 일어날 수 있었다.

사실 이 말은 한 번이라도 경험을 해 본 사람은 바로 이해한다. 세상이 나를 버린 것 같아도 절대 버려질 수가 없다는 것을, 벼랑 끝에 서 있을 때 누군가 내밀어 주는 손을 잡아 본 사람은 안다.

물론 도와주는 사람이 있다는 것은 감사하고 다행스러운 일이지만 반드시 그렇게 된다는 보장이 있는 것은 아니지 않느냐고 반문하는 사람도 있을 것이다. 하지만 내가 스스로를 포기하지 않는 한 그럴 일은 없다는 게 내 생각이다.

생각해 보자. 알고 지내는 사람 중에 나를 도와줄 사람이 없다고 하더라도 우리가 살고 있는 현대 사회는 아무리 상황이 좋지 않은 사람이라도 어떻게든 살아갈 수 있도록 도와주는 시스템을 갖추고 있다. 기초생활수급자든 신용불량자든 다시 시작할 수 있게 도와주는 제도들이 만들어져 있다는 뜻이다. 그건 너무 기준이 밑바닥에 가 있는 거 아니냐고 할 분들도 계시겠지만 일단 사는 것에만 초점을 맞춰 생각해 보면 그 정도로 힘든 상황에서도 어떻게든 살아갈 방법이 있다는 얘기가 된다. 즉 살겠다는 의지만 있으면 어떻게든 살아지는 것이 인생이다.

하물며 신용불량자보다 나은 상황이라면 상황이 좋아질 수 있는 가능성은 그만큼 더 많다는 뜻 아닐까? 또 극도로 이기적으로 산 것이 아니라면 사회 제도에 기대지 않아도 도움의 손길을 건네는 사람이 분명 있을 것이다. 그게 아니더라도 최소한 나를 필요로 하는 일은 있기 마련이다. 정말 아무것도 하지 않고 나태하게만 산 것이 아니라면.

사실 아무리 힘들어도 고난 그 자체보다 마인드가 중요한 것이 아닌가 싶다. 90년대 후반, IMF 사태가 터졌을 때 어머니가 하시던 식당이 엄청나게 어려워진 적이 있었다. 당시 나는 군대에 있었고 제대 뒤 대출을 받아 가게 운영에 보탰는데 얼마 지나지 않아 구멍 난 항아리에 물을 붓는 행위와 같다는 사실을 깨달았다. 결국 20대 초반에 신용불량자가 되었는데 그럼에도 힘들다거나 막막한 감정을 느끼지 않았다. 이유 여하를 막론하고 어린 나이에 신용불량자가 됐는데도 어떻게 아무 생각이 없었냐고 하는 분들이 있을지 모르겠지만 여기서 내가 하고 싶은 말은 그만큼 마인드가 중요하다는 것이다. 얼마를 빚지고 있든 성실하게 하루하루를 살다 보면 해결될 거라고 생각했다. 20대였기 때문에 그런 생각을 더 쉽게 할 수 있었을 테지만 돈보다도 더 가치 있는 시간이 많이 있으니 빚을 갚는 건 불가능한 일이 아니라고 판단했다.

그 정도로 긍정적이었던 내가 작년(2023년)에는 처음으로 미래에 대한 걱정을 했고 바닥까지 멘탈이 무너지는 경험을 했다. 이제는 정말 할 수 있는 것이 없다는 생각에 걷잡을 수 없이 무너졌는데 어느 순간 이럴 때일수록 시간을 무의미하게 보내서는 안 된다는 생각이 들었다. 그러고 나서 정말 놀랄 정도로 드라마틱한 반전이 일어났고 나는 다시 한번 확인할 수 있었다. 정말로 살다 보면 살아진다는 것을.

얼마 전, 한 작가가 노숙 생활을 하던 시절 자신에게 친절을 베풀어 준 서점 직원을 찾는다는 내용의 글을 SNS에 올려 화제가 되었다. 갈 곳이 없어 서울역 근처에서 노숙을 하다가 서점에 들어가 책을 읽었는데 사흘째 되던 날 냄새가 나서 손님들의 민원이 들어오니 나가 달라는 이야기를 들었다고 한다. 그 말을 듣는 순간 얼굴이 달아오르면서 황급히 서점을 나갔는데 그때 자신을 뒤쫓아 와서 읽던 책을 선물해 준 서점 직원을 찾고 싶다는 글을 올렸다.

이 내용이 알려지면서 SNS에 관련 밈도 올라왔고 그 내용을 접한 많은 사람들이 다양한 반응을 보였다. 그중에 기억에 남는 댓글이 서점 직원이 보여 준 관심이 작가의 인생에 터닝 포인트가 된 것 같다며 이것이 우리가 공동체로 살아가는 이유가 아닐까, 라는 댓글이었다. 설령 노숙 생활을 할 만큼 어려워도 아직 우리가 사는 세상에는 친절을 베푸는 사람들이 있다. 살다 보면 살아지게 하는 것은 이런 마음들이 모여 우리가 하나의 공동체를 이루며 살아가고 있기 때문이 아닐까?

나는 살다 보면 살아진다는 말을 진심으로 믿고 지금까지 그래왔듯 앞으로도 이 말이 맞다는 것을 확인하며 살아갈 거라고 믿는다. 또 아무리 역경이 크고 가혹해도 포기하지 않고 감사할 줄 아는 사람에게는 반드시 좋은 기회가 찾아온다는 사실을 더 많은 사람들이 믿었으면 한다. 그러면 우리가 사는 세상은 더 밝고 따뜻해질 것이고 그것이 살다 보면 살아지는 현실을 만들어 줄 것이다.

사실 이 책을 쓰면서 긍정적으로 생각하라, 마인드가 중요하다, 고통을 이겨 내면 좋은 날이 온다는 말을 많이 하는데 그것은 그저 피상적으로 듣기 좋으라고 하는 말이 아니다. 현재 발매된 곡 중에 '고통을 이겨 내면 극락왕생!'이라는 가사가 들어간 곡이 있는데 이 가사 또한 그저 재미있기만 하자고 쓴 가사는 아니다. 말 그대로 어려움을 이겨 내면 마음의 평화와 자유로움을 얻는 극락을 경험할 수 있다. 그리고 나는 가능한 많은 분들이 이 말이 맞다는 사실을 확인하며 살아갈 수 있기를 진심으로 기원한다. 우리가 살아가면서 고통과 번뇌를 언제까지고 피해 다니기는 어렵다. 그러니 차라리 받아들이고 이겨 내자. 그러면 극락을 볼 것이고 이 또한 지나간다는 것 그리고 살다 보면 살아진다는 사실을 정말로 느끼게 될 것이다.

고통과 행복은
한 묶음이다

직접 확인할 길은 없지만 나는 까마득하게 높은 저 위에 어떤 초월자가 있어 나를 지켜본다고 생각한다. 그렇게 보고 있다가 내가 너무 편하게 산다 싶으면 고통을 준다고 보는데 왜 그렇게 생각하는지 한마디로 설명하기는 어렵다. 다만 이 세상에는 온갖 종류의 길흉화복이 있고 인간은 어느 하나만 선택할 수 없다. 그래서 사는 동안 네 가지를 모두 겪어야 하는데 그런 면에서 나는 어느 정도의 고통은 일부로라도 겪으며 살아야 한다고 생각한다. 본래 인간의 삶이란 고통의 연속이라 편하게만 살고 싶다는 생각에 갇혀 있으면 오히려 그 때문에 더 고통스러울 수 있기 때문이다. 그런데 이런 말을 하면 듣기에 따라서는 이렇게 생각하는 분들도 계실 것 같다.

'되도록 마음 편하게 힘들이지 않고 사는 편이 좋지 억지로라도 힘들게 살아야 한다는 게 무슨 말이야?'

이런 경우를 대비해 좀 더 자세히 설명하면 내가 말하는 고통이란 마냥 늘어지지 않고 부지런히 살아야 진짜 고통스러울 만큼 힘든 일이 생기지 않을 거라는 뜻이다. 인생을 살면서 유난히 힘든 시기가 많았다고 느끼는 분들은 고통도 내성이 생긴다는 사실을 알고 있을 것이다. 그렇게 되면 정말 웬만한 고통은 고통이 아니게 되는데 그럴 때 나는 저 위에 있는 누군가가 고통을 줄 거라고 생각한다. 즉 어떤 불편함도 없이 너무 편하기만 하면 반드시 힘든 일이 생길 거라고 생각하는 편이다.

"어차피 고통스러운 일이 생길 거면 일부러 고통을 자초할 필요는 없지 않아요?"

너무 편하기만 하면 지켜보고 있는 존재가 시련을 줄 테니 어느 정도는 힘들어 하면서 살아야 한다고 말하면 이렇게 묻는 사람들이 있다. 그럴 때마다 나는 여기서 고통이란 나태하게 인생을 허비하지 말고 무엇인가를 계속 하라는 의미라고 강조한다. 즉 그것이 고통스럽더라도 끝까지 성실하게 해내면 원치 않는 시련도 겪지 않으면서 고통 속에서 애쓰고 수고한 만큼 보상을 받을 수도 있다는 의미다. 그래서 나는 고통과 행복은 한 묶음으로 이어져 있다고도 생각한다.

인생을 살아가다 보면 정말 많은 고통을 경험하는데 현대 사회에서의 고통은 최소한 애쓰고 감내한 만큼 그에 대한 대가를 받을 가능성이 높다. 그런 측면에서 이전 시대의 고통보다는 지금이 훨씬 낫다는 것이 내 생각이다. 이런 예를 들면 너무 극단적인 사례인 것 같다고 하실 분도 계시겠지만 나는 살아가면서 겪을 수밖에 없는 고통에 대해 생각하면서 예전 독립운동가 분들이 겪은 고난을 자주 떠올린다.

일제 강점기 시절 독립운동가들을 서대문 형무소에 많이 수감했는데 그때 100명이 넘는 사람들을 한 공간에 집어넣은 탓에 누울 자리가 없어 선 채로 잠을 잤다는 이야기가 있다. 더 심각한 것은 그 열악하고 참혹한 고난이 언제 끝날지 전혀 알 수가 없었다는 점이다. 그 자리에서 죽음을 맞이할 수도 있고 아니면 고문을 받다 죽을지 가늠조차 할 수 없는 상황에서 그분들은 어떤 생각을 했을까? 지금 내가 이렇게 고통스럽다 한들 그 분들에 비할까 하는 생각을 많이 했다. 물론 그 시대와 지금의 시대는 당연히 다르고 고통의 경중을 가리는 것이 늘 바람직한 것만은 아니라는 사실도 잘 알고 있다.

하지만 일제 강점기 때나 지금이나 인간의 몸의 구조는 동일하고 감각 역시 동일하다. 똑같은 신체 구조를 갖고 똑같이 고통을 느끼는 사람이 마치 생명이 없는 물건처럼 취급되거나 심지어 끔찍한 도구가 되는 일이 횡행했던 그 시대. 그래도 그분들은 독립을 위해 모든 것을 걸고 고통을 감내했고 결국 광복(光復)을 맞이했다. 단어 그대로 캄캄한 어둠을 지나 빛을 찾은 것이다.

"저는 지금이 너무 좋기 때문에 앞으로 분명 나쁜 일이 생길 거예요."

반면에 나는 지금 너무나 좋은 것들이 손에 많이 쥐어져 있기 때문에 곧 불행이 다가올 것이라고 예상한다. 누군가는 아직 일어나지도 않은 일을 미리 예단할 필요가 있냐고 하겠지만 앞에서도 말했듯 모든 것은 변하기 마련이다. 게다가 지금 힘들다면 앞으로는 좋은 일이 생길 거라고 위로하면서 그 반대는 아니라고 한다면 그 역시 형평성에 어긋난다고 생각한다.

어쩌면 나는 불행이 다가올 때를 대비해 지금부터 마음의 준비를 하고 있는 걸 수도 있다. 그럼 인생에서 마음 편할 날이 별로 없지 않겠냐고 할 수도 있는데 그렇게 생각하지는 않는다. 새옹지마(塞翁之馬)라는 말이 얼마나 잘 들어맞는지 알고 있기 때문이다.

새옹지마(塞翁之馬)는 호사다마(好事多魔)와 전화위복(轉禍爲福)을 합한 말이라고 이해하면 되는데 좋은 일인 것 같아 보이지만 그것이 나쁜 일이 될 수도 있고 나빠 보이지만 그것이 좋은 일이 될 수 있다는 뜻이다. 나는 새옹지마(塞翁之馬)라는 고사성어가 예측하기 어렵고 불확실한 인간의 삶을 잘 표현해 준다고 생각한다. 그리고 이 세 가지 사자성어를 연결하면 결국 눈에 보이는 것이 다가 아니라는 결론에 이르게 되고 이것은 불교 교리 중 하나인 제행무상(諸行無常)과도 연결된다. 모든 것은 한결 같을 수 없으며 어떤 것도 변하기 마련이니 지금 힘들다고 슬퍼할 필요도, 지금이 좋다고 기뻐할 일도 아니라는 뜻이다.

단순하게 생각하면 좋을 땐 좋아하고 슬플 땐 슬퍼하는 것이 지극히 자연스러운 반응이다. 그런 면에서 제행무상은 조금 헷갈리는 개념이라고 생각할 수도 있지만 제행무상의 참뜻은 세상 모든 만물은 변하기 마련이니 눈앞의 현상에만 너무 집착하지 말라는 의미이다. 즉 지금 고난을 겪고 있든, 행복을 만끽하고 있든 우주 안의 모든 것은 매순간 변하고 있으니 그 어지러운 지경에서 벗어나 어떤 상황 속에서도 고요하고 편안한 상태를 유지하는 것이 진짜 행복이라는 뜻이다.

물론 그런 경지에 오르는 것이 말처럼 쉬운 일도 아니고 아예 관심 자체가 없는 분들이 대부분이다. 다만 세상에 변하지 않는 것은 없고 고통은 늘 따르기 마련이니 편하게만 살려는 욕심은 내려놓고 인내하고 참다 보면 뜻밖의 복을 누릴 수 있다는 기대를 가져 보는 것도 좋지 않을까? 그렇게 하려면 한 가지 전제 조건이 충족되긴 해야 한다. 바로 내가 더 성장하는 것이다.

고통을 거름 삼아 성장을 이루고 그러다 보면 고통이 복으로 바뀌는 경우도 있다고 본다. 그래서 나는 발전하기 위한 고통이라면 일부로라도 겪을 각오가 되어 있다. 또 설사 복으로 바뀌지 않더라도 고통스러운 경험이 나를 더 성장시킬 테니 어느 쪽이든 내게 해가 되거나 무의미한 소모는 아닐 것이다.

'고통을 이겨 내면 극락왕생!'

내가 작사·작곡한 곡의 가사인데 나는 여전히 많은 사람들이 고통을 이겨 내지 못하면서 극락으로 가려고 한다고 생각한다. 하지만 그럴 수는 없는 것이 섭리이며 그래서 나는 고통은 행복과 한 묶음이라고 생각한다. 이것이 내가 내린 결론이다.

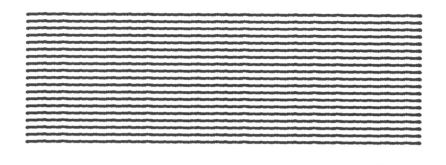

2장

멘탈 부여잡는
방법

고난은
테스트다

예전에 나에게 이런 이야기를 해 준 사람이 있었다.

"고난을 한여름의 폭염에 비유했을 때 내가 다이아몬드라면 고난 속에서도 빛날 것이고 잘린 나뭇가지라면 말라 죽을 것이다."

어떤 책에서 읽은 내용이라는데 눈부시게 빛나는 다이아몬드와 까맣게 타 버린 나뭇가지 이미지가 강렬하게 떠올라 들은 지 시간이 꽤 지났는데도 이따금 생각이 나곤 한다.

얼마 전에는 불교 명언을 찾아보다가 '삶에서 유일한 실패는 최선을 다하지 않는 것이다.'라는 구절이 눈에 띄었다. 그 말을 여러 번 곱씹어 보니 역시 힘들수록 뭐라도 하는 것이 답이라는 생각이 들었다.

지금은 이렇게 의욕 넘치는 말을 하지만 나 역시 좌절과 허탈함의 늪에 빠져 헤맨 적이 있었다. 다만 그때도 빠져나와야 한다는 사실은 알고 있었고 무기력한 상태로 오래 머물지도 않았다. 그때 나는 무력함에 시달리더라도 그 순간의 감정에 굴복해서는 안 된다고 생각했다.

의지가 꺾이고 멘탈이 무너질 때 사람은 어떤 식으로든 반응한다. 그럴 때 가장 바람직한 반응은 스스로의 의지보다 문제 자체를 크게 보지 않는 것이다. 물론 말처럼 쉬운 일이 아니라는 건 잘 알고 있다. 그런데 고난이라는 것이 결국은 나를 테스트하기 위한 것이라고 생각하면 한결 수월하게 멘탈을 붙잡을 수 있다. 테스트를 한다는 것은 그 문제를 풀 수 있는 답이 있다는 뜻이고 답을 찾으면 고난을 극복할 수 있다는 의미이기 때문이다.

어린 아이가 성인이 되기까지 학교에서 교육을 하는 이유는 살아가면서 필요한 지식과 지혜를 가르치기 위해서다. 학교를 다니는 동안 우리에게는 과제가 주어지고 학업 성취도를 파악하기 위해 시험을 치른다. 그저 입시만을 위한 교육일 뿐이라고 하실 분도 계시겠지만 지금 내가 이야기하고 싶은 것은 교육이 갖는 순수하고 본질적인 목표에 대한 부분이다.

학교나 학원에서 숙제를 내주고 테스트를 하는 것에 의문을 제기하는 사람은 없다. 마찬가지로 고난을 인생의 테스트라고 생각하면 삶의 일부분이라고 자연스럽게 받아들일 수 있다. 현실에서는 시험 난이도가 높아서 좋은 점수를 받지 못할 수도 있다. 하지만 고난이란 테스트는 몇 점을 받았느냐에 따라 줄을 세우는 시험이 아니다. 테스트로서 고난은 중도에 포기하느냐 포기하지 않고 끝까지 버텨 내느냐에 따라 통과 여부가 결정된다. 더 유리한 점은 언제까지 답안지를 내야 한다는 시간 제한이 없다는 것이다. 결국 의지를 가지고 인내심을 발휘하면 누구나 통과할 수 있는 테스트가 바로 고난이다. 그래서 나는 삶은 고난의 연속이지만 비극이 아니며 어떤 순간에도 삶 자체는 아름답다는 말에 매우 동의한다.

많은 사람들이 태양계 행성 중 가장 아름다운 별을 고르라고 하면 신비로운 고리를 가진 토성을 꼽는다. 그런데 천문학적으로 보면 토성은 극도로 기온이 낮고 건조한 행성이라 생명체가 살아가기에는 아주 열악한 조건을 가지고 있다고 한다. 사람들의 시선을 잡아끄는 그 고리도 얼음 결정체 따위가 모여 띠를 이루고 있는 거라고 하니 기온이 어느 정도 낮은지 감이 잡힐 것이다. 사실 토성의 자연 환경이 어떤지 크게 중요한 것은 아니다. 여기서 내가 주목하는 것은 가혹한 환경 때문에 생긴 그 고리가 사람들을 매혹시킨다는 점이다.

아이러니하네, 라는 한마디로 설명할 수도 있지만 어쩌면 거기서 오는 모순을 인간의 삶과 고난에도 적용할 수 있지 않을까? 살다 보면 가혹하다 싶은 순간들이 있지만 그것을 테스트라 여기고 극복해 내면 원하는 것을 얻을 수 있다. 태양에서 멀리 떨어진 탓에 극도로 낮은 기온이 유지되는 토성이지만 그 때문에 아름다운 고리를 가진 것처럼 고난이나 시련도 때로는 우리가 살아가면서 필요한 귀중한 지혜를 선물로 주기도 한다.

"그런데 불교에서 고난은 인과응보에 따른 업보 때문이라고 보지 않나요?"

뉴진스님일 때와 윤성호일 때를 엄격하게 구분하기는 하지만 큰 스님께 약식으로나마 법명까지 받은 터라 나를 정말 스님이라고 생각하는 분들도 있는 것 같다. 그런 분들이 이 책을 보면 이렇게 질문할 수도 있을 것 같은데 일단 내 짧은 식견으로도 불교에 인과응보의 교리가 있다는 것은 알고 있다.

인과응보란 한 마디로 전생에 지은 선악에 따라 현재의 행복과 불행이 있다는 뜻이다. 그래서 지금의 고난과 시련은 전생에 지은 악업 때문이라는 논리가 가능해진다. 결국 업보를 지은 만큼 대가를 치러야 넘어갈 수 있다는 뜻인데 중요한 건 인과응보의 틀에 끼워 놓고 봐도 고난은 극복해야 하는 대상이라는 것이다. 만약 고난에 굴복해 버리면 그것은 또 다른 업보를 쌓는 일과 같을 테니까. 그래서 고난의 원인이 어디에 있느냐보다는 고난에 무릎 꿇지 않도록 어떻게 받아들일 것인지 지혜롭게 판단하는 것이 더 중요하다고 본다.

한 가지 더 알아 두어야 할 점은 모든 고통과 시련이 인과응보에 따른 것은 아니라는 점이다. 가령 큰 재난 때문에 많은 사람들이 목숨을 잃었다면 그 재난의 원인이 피해자들이 지은 전생의 업보 때문이라고 할 수는 없는 일이다.

살다 보면 누구나 머릿속이 복잡하고 마음이 편치 않은 시기가 있다. 그럴 때 나는 습관처럼 스님들이 말씀하신 명언이나 불교 교리들을 찾아 읽는 것을 좋아한다. 짧지만 깊은 울림이 있는 말씀들을 정독하다 보면 지금 내 상황과 너무 잘 맞아 떨어진다는 생각을 하게 된다. 그러다 보면 명언이 담고 있는 메시지들을 자연스럽게 내재화하게 되는데 덕분에 마음을 다스리고 고난을 극복하는 데 큰 도움을 받았다.

그렇다고 어쭙잖게 아는 척할 생각은 없다. 나는 스스로 불교에 대한 지식이 많지 않다는 것을 잘 알고 있고 사실 앞으로도 지식을 많이 쌓을 생각은 없다. 보통 사람보다 조금 더 안다고 생각하다 보면 나도 모르게 아는 척하기 쉽고 그러면 정작 스님들이 내 얘기를 듣는 상황이 벌어질 수도 있다. 그러다가 자칫 겁도 없이 까부는 상황이 벌어질 거 같아 일찍부터 경계해야 한다고 생각했다.

다른 사람의 어려움이나 시련에 대해서도 마찬가지다. 사람은 인생을 살아가면서 누구나 고난을 겪는다. 단지 성향에 따라 그것을 드러내느냐 혼자서 감수하고 해결하느냐가 다를 뿐이다. 나는 타인이 끌어안고 있는 고통을 내 기준에 맞춰 쉽게도, 어렵게도 판단하지 않으려고 한다. 다만 어느 쪽이든 고난에 항복하지 않는 것이 우리의 최종 목표라고 생각하며 그렇게 하기 위해 고난을 테스트라고 생각하는 방법을 제안하고 싶다. 학교에서도 과제를 잘해 가면 점수라는 보상이 따르듯이 멘탈을 잡고 고난을 극복해 낸 사람에게는 합당한 보상을 기대할 자격이 충분하다.

고통 없이
얻어지는 것은 없다

개인적으로 너무 싫어하는 말 중 하나가 장사나 한 번 해 볼까, 이다. 지인은 물론 가족 중에서도 장사를 생업으로 하는 사람이 있기 때문에 얼마나 고민 없이 가볍게 하는 말인지 잘 알고 있다. 장사뿐만 아니라 유튜브도 마찬가지다. 워낙 많은 채널이 있으니 누구나 할 수 있는 것처럼 보일 수 있고 그중 성공한 유튜버들을 자주 보다 보면 나도 할 수 있겠다 싶어지는 것도 무리는 아니다.

하지만 그분들은 엄청나게 힘들고 고통스러운 과정을 극복해가며 사업장과 채널을 키운 것이다. 그러면서 당연히 시행착오도 거쳤을 것이고 아무리 노력해도 결국 실패한 적도 있었을 것이다. 그럴 때 일반적인 경우 많은 분들이 중도에 포기하는데, 거듭된 실패에도 포기하지 않으면 결국 원하는 것을 얻을 수 있다. 그런 분들은 고통을 이겨 내는 강한 의지를 갖고 있다고 보면 된다. 하지만 우리 주변에서는 반대의 경우를 더 많이 보게 마련이다.

사실 중간에 그만두든 계속 이어가든 그건 어디까지나 개인의 선택이고 그 자체는 존중받아야 한다. 하지만 실패만 거듭하다 포기해 버리면 노력에 배신당하는 꼴을 보게 된다. 애써 노력했는데도 결국 실패했다는 경험만 남고 노력에 대한 보상을 받지 못한다는 뜻이다.

인생을 살아가면서 모든 일을 성공시키는 것은 불가능하다. 우리가 사는 인생 자체가 성공보다는 실패와 더 친밀(?)한 경우가 많은 것도 사실이고 세상일이라는 게 늘 내 마음처럼 되는 게 아니라는 걸 요즘은 어린 아이들도 안다.

다만 아무리 노력해도 단기전으로는 안 될 것 같으면 장기전으로 가는 것도 방법인데 '빨리 빨리'에 익숙해져 있는 우리나라 사람들은 안 될 일은 안 된다는 생각을 너무 금방 해 버린다.

"안 되네? 그럼 빨리 접어야지."

정말 좋게 포장하면 효율적인 거라고 할 수도 있겠으나 성공이 가장 좋아하는 것은 효율성이 아니라 인내심이다. 당장 안 되더라도 꾸준히 근성 있게 도전하다 보면 어떤 식으로든 길은 열리게 마련이다. 지성이면 감천이다, 라는 말이 그 오랜 세월 동안 전해지는 것은 그 이유가 있기 때문이다.

여담이지만 이 말은 한 노승과 동자승의 이야기에서 유래되어 전해졌다고 한다. 설화에 따르면 두 사람이 사는 암자 근처에는 우물이 없어서 동자승이 매일 먼 곳에서 먹는 물을 길어 와야 했다. 그런데 어느 날 암자 부근에서 깜박 잠이 들었다가 일어나 보니 옷이 축축하게 젖어 있었고 동자승은 그 자리에서 물이 난다고 생각해 우물을 파기 시작했다. 그때 모든 사람이 비웃고 노승 또한 말렸지만 동자승은 물이 나올 것이라 믿으며 정성을 다해 우물을 팠다. 그리고 결국 물이 나왔다는 이야기다.

지성이면 감천이다, 라는 말을 이 설화에 빗대어 풀이하면 사람이 정성을 다하면 하늘이 답해 준다, 라는 뜻이 된다. 이것을 한 번 더 풀면 뭐든지 정성을 다해 노력하면 이루어진다, 가 된다. 어떤 일에 정성을 다한다는 건 그만큼 성실하다는 뜻이고 원하는 것을 얻으려면 부지런해야 한다는 뜻이다.

그러면 어느 때 사람은 부지런하다고 할 수 있을까? 부지런하다의 사전적 의미를 찾아보면 어떤 일을 꾸물거리거나 미루지 않고 꾸준하게 열심히 하는 태도가 있다, 로 정의되어 있다. 굳이 사전을 찾아보지 않아도 부지런하다는 말을 모르는 사람은 없겠지만 그래도 보다 정확한 뜻을 알고 싶다면 사전적 의미를 찾아보는 것도 좋은 방법이다.

어쨌든 미루지 않고 꾸준히 하는 것이 부지런하다는 뜻인데 나는 여기에 생략된 구절이 있다고 생각한다. 바로 '고통스러워도'이다. 주변 사람들 아무도 동의해 주지 않고 육체적으로 힘들어도 꿋꿋이 우물을 판 동자승처럼 고통스럽더라도 참고 성실하게 이어가는 자세가 '부지런하다'의 참된 모습이 아닐까 싶다.

'성공하길 원한다면 부지런하게 노력해야 한다'

이 말에 이의를 제기할 사람은 많지 않을 것이다. 하지만 앞부분에 고통스러워도, 라는 구절이 들어가야 하지 않을까? 이왕이면 즐겁게, 너무 힘들이지 않고 몰입한 상태에서 원하는 것을 얻어 낸다면야 너무 좋겠지만 현실적으로 그런 경우는 많지 않다.

다른 분야도 마찬가지겠지만 20년 간 무대에 서고 방송을 했던 터라 연예계를 기준으로 생각해 보면 누구나 원하는 '좋은 것'을 얻을 때 어느 것 하나 쉽게 얻어지는 것은 없었다. 대중의 지지와 사랑을 받는 내로라하는 스타들이 겉으로는 항상 즐겁고 유쾌해 보이고 여유 있어 보이지만 실상을 알고 보면 가려진 부분들이 많다. 그중에서도 나는 그들이 얼마나 치열하고 열심히 노력하는지 충분히 드러나지 않고 있다고 생각한다. 그래서 대중들이 그들이 어떤 고통을 감내하고 있는지 미처 알아채지 못한다고 생각한다.

행여 오해의 빌미가 될까봐 정확히 밝혀 두자면 그것을 모르는 게 문제라는 뜻은 아니다. 다만 내가 말하고 싶은 건 그들은 스스로를 편하게 두지 않고 늘 준비하며 노력한다는 점이다. 스스로를 편하게 두지 않는다는 것은, 고통스러운 와중에도 늘 준비하며 노력한다는 걸 뜻한다. 말이 쉽지 엄청나게 노력했는데도 실패하면 스스로에 대한 불신 때문에 다시 시작하지 못하는 경우가 많다. 노력한 만큼 자신의 방법이 통하지 않았다는 것에 대한 충격이 심하기 때문이다.

아무리 톱스타라도 모든 일을 성공시키는 것은 불가능하다. 그럼에도 오랜 세월 자기 자리를 지켜 내며 대중의 사랑을 받는 분들은 몇 번의 실패를 반복해도 꺾이지 않는 근성을 발휘한다. 그래서 결과적으로 보상을 받는 것이다.

누구나 살다 보면 실패라는 쓴맛을 보기 마련이고 그럴 때 어떤 이들은 노력도 배신당할 때가 있다는 생각을 한다. 그렇게 생각해도 무리는 아니지만 실패에도 불구하고 자신을 고통스럽게 하며 반복해서 노력하면 결국은 빛을 보기 마련이다. 단지 그 시점을 사람이 정하기가 어려울 뿐이다.

이 부분은 개인이 노력한다고 해서 컨트롤할 수 있는 부분이 아니다. 따라서 노력만큼 중요한 것이 때를 기다릴 줄 아는 인내심이다. 고통스럽더라도 인내하며 꾸준히 노력하면 결국은 원하는 바를 이룰 수 있다. 또 그렇기 때문에 고통 없이 얻어지는 건 없다고 생각한다.

가치 있는 모든 성취는 고통을 이겨 내며 노력한 결과이다. 그런 만큼 멘탈이 흔들릴 때 고통 없이 얻어지는 것은 없다는 사실을 되새기며 지금의 고통이 꽃을 피우기 위해 내리는 봄비라고 생각하고 이겨 내길 바란다. 그럼 고통을 참고 견딘 대가로 원하는 것에 한 발짝 더 다가갈 수 있을 테니까.

인스타 라방과
3000배

사찰에 가면 으레 부처님께 절을 하게 되는 특유의 분위기가 있다. 불교에서 가장 유명한 절은 108배와 3000배인데 꼭 절에 다니지 않아도 108배와 3000배가 있다는 건 많은 사람들이 알고 있다. 그중 108배는 사람이 살아가는 동안 마음속에서 끊이지 않고 생겨나는 108가지 번뇌를 지운다는 뜻을 담고 있다.

3000배는 과거겁, 현재겁, 미래겁의 3겁 동안 출현하시는 천 분의 부처님께 1배씩 절을 올리는 걸 뜻한다. 겁(劫)이란 단어가 생소한 분들이 많을 것 같아 간단히 설명하면 천지개벽 후 다음 개벽할 때까지의 기간을 불교에서는 겁이라고 하며 겁에는 과거겁, 현재겁, 미래겁이 있다고 한다.

불경에 따르면 과거겁에는 1천 명의 부처님이 탄생하셨고 현재겁에도 1천 명의 부처님이 탄생했으며 미래겁에도 1천 명의 부처님이 탄생하신다고 되어 있다. 그렇게 총 3000명의 부처님께 1배씩 올리는 게 3000배인데 나는 인스타 라이브 방송을 켜 놓고 며칠에 걸쳐 3000배를 올렸다. 뉴진스님이 많은 분들의 사랑을 받다 보니 어쩔 수 없이 들뜨면서 흥분이 됐는데 다른 한편으론 그것을 눌러야 한다는 생각이 들었다.

매일 아침 7시에 인스타 라방을 켜 놓고 며칠에 걸쳐 3000배를 했다. 라이브 방송을 보던 분들 중에는 나와 같이 절을 하는 분도 계셨다. 지금에서야 고백하는 거지만 만약 지금 내가 30대였다면 3000배를 할 생각조차 하지 않았을 것이다. 실제로 개콘으로 많은 사랑을 받을 때 나는 감사할 줄 몰랐고 내가 받는 대우가 당연한 줄 알았다.

지금은 전혀 그런 생각을 하지 않는다. 이제는 내공이 생겼기 때문이기도 하고 더 정확히는 뉴진스님의 인기 자체가 원래 내 것이 아니라고 생각하기 때문이다. 무대에 올라 디제잉을 하고 뉴진스님 캐릭터를 만든 것은 분명 나지만 뉴진스님을 찾고 여기저기서 불러 주는 이유는 전부 관객과 대중이 사랑해 주셨기 때문이다. '불교 또 나 빼 놓고 재밌는 거 하네'라는 제목의 영상을 만들어 유튜브에 올린 것도 관객 분이셨고 그 영상을 여기 저기 퍼다 나르며 좋아해 주신 것도 대중 분들이셨다.

반면에 나는 망했다고 생각했던 행사 영상이 인터넷에서 돌고 돌아 해외에서 터지게 될 거라고는 꿈에서도 생각하지 못했고 불교 박람회를 계기로 뉴진스님이 그렇게나 많이 알려지고 큰 호응을 받으리라는 것도 짐작조차 하지 못했다. 그러다 보니 뉴진스님에 대한 사람들의 관심이 떨어져도 지금 이 모든 건 내가 만든 것도 아니고 원래 내 것도 아니었기에 나는 평온해야 한다고 생각하고 있다.

이렇게 말하면 다시 대중의 관심을 얻으니 또 다시 멀어질 때를 대비해 정신 승리부터 하고 있는 거 아니냐고 하는 분도 있겠지만 그럼에도 나는 진심으로 그 모든 것이 내 것이 아니라고 생각한다. 처음부터 내가 만든 것이 아니라 수없이 많은 분들이 만들어 주신 것이기 때문에 내게는 소유권을 주장할 권리가 없다.

하지만 너무나 감사하는 마음은 당연히 있다. 생각하지도 못한 큰 선물을 받았으니 당연히 감사해야 하고 그래서 행사를 할 때마다 내가 보여 드릴 수 있는 건 다 보여 드려야 한다는 마음으로 무대에 오르고 있다.

눈앞에서 환호하고 좋아해 주시는 관객들을 보다 보면 이런 날이 다시 올 거라고는 생각하지 못했던 때가 떠올라 울컥해지는 순간이 있다. 그럴 때면 나도 나이를 먹긴 먹었나 보다, 라는 생각이 든다. 예전에는 그 모든 관심과 사랑이 정말 귀하고 감사하다는 사실을 지금처럼은 몰랐다.

사실 연예인들이 가장 힘들어할 때가 많은 분들에게 사랑받고 관심받다가 인기가 떨어질 시기다. 자의든 타의든 사회적으로 큰 물의를 일으켜서 구설에 오르거나 심할 경우 법적인 문제까지 생기는 경우는 속된 말로 자업자득이라 누구를 탓할 수도 없다.

하지만 딱히 문제를 일으킨 것도 없고 예전과 다름없이 최선을 다했지만 점차 뒷전으로 밀려나는 경우도 있다. 시대 흐름의 변화와 대중의 의식이 급격하게 바뀌면서 왕년에 잘나갔던 OOO 정도로 인식되는 스타들처럼.

나 역시 비슷한 케이스였다. 빡구 캐릭터로 나름 스타덤에 올랐지만 이후 활동은 부진했다. 나무위키가 100% 맞지는 않지만 매너리즘에 빠져 빡구로부터 벗어나지 못했다고 되어 있는데 내 입장에서 그게 맞든 틀리든 중요한 건 뉴진스님으로 반응이 올라올 때까지 나는 거의 잊히고 있는 왕년의 개그맨이었다는 점이다. 그런 나를 끄집어내고 뉴진스님 캐릭터에 의미를 부여해 준 건 대중이었다.

뉴진스님 덕분에 여기저기서 화제가 되고 불러 주시는 곳도 많아지니 주변 사람들도 내 일 같이 기뻐하며 축하를 해 주셨다. 다만 옛날의 나였다면 지인들과 자주 만나는 시간을 가졌겠지만 이번에는 사람들을 일부러 더 만나지 않았다. 대접을 받다 보면 들뜰 수 있고 그러다 보면 실수도 할 수 있을 것 같아서 최대한 자제했다.

사실 지인들을 만나 이런저런 이야기를 듣지 않아도 많은 분들이 뉴진스님을 좋게 봐 주시고 호감을 갖고 있다는 건 잘 알고 있다. 카페에 들르면 알아보시며 사진 촬영 요청을 해 주시는 분들, 행사 섭외가 들어와 지방에 내려갈 때 휴게소에서 식사를 하고 있으면 된장찌개를 서비스해 주시는 분들 등 우연히 마주친 나에게 따뜻한 호감을 보여 주시는 분들을 뵐 때면 주변 사람들에게 축하의 말을 들을 때보다 가슴이 더 뭉클해진다 그래서 더더욱 겸손해야 된다고 생각한다. 내가 이 분들보다 특별해서 이런 호의를 받는 것이 아니기 때문이다.

인기를 한자로 표기하면 사람 인(人)에 기운 기(氣) 자를 쓴다. 말 그대로 사람의 기운이 모여 있는 게 인기라는 뜻이다. 연예인은 인기를 먹고 산다는 말은 사람들 즉 대중의 관심과 사랑을 필요로 한다는 의미다. 대중이 연예인을 좋아하는 이유는 참 다양하다. 예쁘고 잘생겨서 또는 비율이 좋아서, 연기를 잘해서, 춤과 노래 실력이 뛰어나서, 입담이 출중해서 등등. 몇 가지로 정리될 수 없는, 너무나 많은 다양한 이유들이 있는데 그만큼 인기가 떨어지거나 대중의 관심에서 밀려날 때도 분명히 이유는 있다. 단지 특별히 잘못한 것 없이 잊히는 사람 입장에서는 그것을 수용하고 감내하기가 생각보다 쉽지 않을 뿐이다.

개인에 따라 다르지만 아무리 반복해도 이별을 낯설어하는 사람들이 있다. 그것이 누군가와 하는 이별이든 영광스러웠던 지난날과의 이별이든 애착을 가졌던 무엇인가가 더는 곁에 없을 때 걷잡을 수 없이 우울감에 빠져드는 사람들도 있다.

하지만 세상 모든 것은 변하기 마련이고 어느 한 시기가 지나고 또 다른 시기가 다가오는 것은 지극히 자연스러운 일이다. 그 또한 지나갈 것이고 지금 다가오고 있는 그것 역시 지나갈 것이다. 그러니 좋은 시절이 지나가도 아쉬워하지 말고 힘든 시기를 지나고 있어도 너무 낙담하지 않았으면 한다. 무엇이 됐든 그 모든 것은 지나갈 것이고 또 변할 것이니까.

방하착(放下著)
– 내려놓기

방하착(放下著)이라는 말이 있다. 이 말을 풀이하면 방하(放下)는 놓아 버리라는 뜻이고 착(著)은 붙어 있다는 의미다. 이를 합해서 풀이하면 붙어 있는 것을 놓으라는 뜻이 되는데 불교에서는 번뇌와 집착을 버리라는 뜻으로 해석한다.

개인적으로 틈틈이 불교 명언들을 찾아 읽는 것을 좋아하는데 명언들을 읽다 보면 불교에서 가장 멀리하라는 것 중 하나가 '집착'이라는 생각이 든다.

"모든 고통은 집착에서 비롯된다."

"현재를 살아라. 과거에 집착하지 말고, 미래를 걱정하지 마라."

"집착을 버리면 평화가 찾아온다."

불교에서 집착은 모든 고통과 번뇌의 근원이다. 그렇다 보니 방하착은 모든 집착을 내려놓고 고통에서 해방되라는 뜻이기도 하다.

방하착과 관련해 말의 어원을 찾아보면 중국 당나라 때의 일화가 전해진다. 어느 탁발승이 조주선사를 찾아가 가르침을 청하며 물건은 하나도 가져오지 않았다고 하니 조주선사가 방하착(放下着)이라고 답했다는 것에서 유래되었다. 이 일화에서 조주선사가 말한 방하착은 가져온 물건이 없다는 의식 자체도 내려놓으라는 의미라고 한다. 즉 무엇인가를 의식하는 생각마저도 내려놓고 마음속을 텅 빈 허공처럼 유지하라는 뜻이다. 이건 평범한 사람이 이루기에는 지극히 어려울 뿐만 아니라 굳이 그렇게까지 해야 할까라는 생각도 할 수 있을 정도로 지극히 높고 먼 경지다.

하지만 삶을 너무 고통스럽게 하는 집착을 내려놓으라는 점에서는 평범한 사람들도 도전해 볼 만한 말이 아닐까 싶다. 돈에 대한 집착, 명성에 대한 집착, 인기에 대한 집착, 사람에 대한 집착 등 인간의 삶을 괴롭고 고통스럽게 하는 집착은 너무나 많다. 이런 것들을 내려놓으면 더 편안하고 의미 있는 삶을 살 수 있는 것은 맞다.

경우에 따라 다르지만 내려놓지를 못해 인생이 꼬이는 경우도 왕왕 발생한다. 조금 속된 말로 '자기 팔자를 자기가 꼰다'라는 말이 있는데 이 역시 내려놓지 못하고 일종의 집착을 하는 바람에 생기는 불상사일 때가 많다.

예를 들어 다른 사람의 시선을 과하게 신경 쓴 나머지 불필요한 에너지를 소모하며 스스로를 고통 속에 몰아넣는 경우가 있다. 불행하게도 우리나라가 OECD 국가 중 부동의 자살률 1위 국가라는 사실은 잘 알려져 있다. 왜 이런 사태가 벌어지는 걸까? 어디에선가 들은 이야기인데 수년 전 OECD 임원이 우리나라에서 자살률이 높은 이유를 파악하기 위해 방한한 적이 있었다고 한다. 정신과 전문의들까지 모아 놓고 국회에서 토의를 했다고 하는데 OECD 임원은 어느 나라보다 빠른 경제 발전을 이룬 한국이 자살률이 너무 높아 원인 파악을 할 필요가 있었다고 말했다고 한다.

원조를 받던 나라에서 유일하게 원조를 주는 나라가 될 정도로 경제 발전을 이룬 나라. 그것도 인류 역사상 유래가 없을 정도로 단기간에 비약적인 발전을 한 한국에서 그토록 자살률이 높은 이유는 무엇일까? 여러 가지 문제가 있겠지만 가장 큰 이유 중 하나가 타인과의 비교 심리, 남의 시선을 과도하게 신경 쓰는 것이 치명적으로 작용하는 게 아닐까 싶다.

동서고금을 막론하고 자살을 두둔하거나 옹호하는 종교는 없다. 불교역시 살생을 금할 정도로 생명을 존중하는 종교인만큼 자살은 터부시되고 있다. 자살이라는 다소 극단적인 예를 들기는 했지만 타인의 눈에 내가 어떻게 비칠까를 과도하게 신경 쓰고 그 시선들을 내려놓지 못해 괴로움에 시달리는 사람들을 찾는 것은 어렵지 않다. 그런 만큼 남의 시선을 과도하게 신경 쓰는 것부터 방하착(放下著)하면 지금보다 삶의 질은 훨씬 높아질 것이다. 그것만 돼도 우리는 당연히 손해 볼 게 없으며 오히려 큰 이득이 되어 돌아올 가능성이 높다.

타인의 시선 외에 사람들이 가장 집착하는 것이 '소유'다. 스마트폰이 상용화되고 SNS가 활발해지면서 현대인들은 더 많은 콘텐츠에 노출되었다. 그중에서도 가장 자극적으로 다가가는 콘텐츠가 물건 또는 각종 서비스에 대한 것들이다.

SNS 마케팅이라는 용어가 생길 정도로 오늘날 블로그, 페이스북, 인스타그램 등 다양한 SNS들은 대중이 물건이나 서비스를 구매하고 소비하도록 이끄는 데 가장 유용하게 쓰이고 있고 이것은 소유에 대한 집착으로 이어졌다.

인스타를 보다 보면 너무나 예쁘고 유용해 보이는 물건들은 왜 그렇게 많은 건지 또 그런 물건들을 사용하며 자신이 얼마나 안락하고 멋지게 사는지를 드러내는 사람들은 또 왜 그렇게 부러운지. 사람들은 SNS가 보여 주는 물질문명의 향응에 처음엔 시선을 뺏기고 그 다음엔 넋을 뺏기며 소유에 집착하기 시작했고 SNS에서 드러나는 타인의 삶과 나의 삶을 비교하기 시작했다. 그러면서 소유하고 싶은 욕망을 더 내려놓지 못하게 되었다. 그것은 곧 불행으로 향하는 지름길을 발견한 것과 같다. 심지어 그것을 알면서도 SNS를 끊지 못하는 사람들이 허다하다. 이미 익숙해지고 습관이 되었기 때문이다.

아는 사람은 아는 얘기지만 나는 다른 사람의 인스타 피드가 자동으로 뜨지 못하게 설정을 해 두었다. 요즘은 특히 유튜브 숏츠, 인스타 릴스 등이 폭발적인 인기를 얻으면서 짧은 영상이 유행하고 있는데 한 번

보기 시작하면 시간 가는 줄 모르고 보게 되기 때문에 상품 광고에도 더 많이 노출되고 있다. 게다가 소상공인부터 대기업까지 재화와 서비스를 판매하는 모든 주체들은 SNS 마케팅을 필수로 생각하고 있다.

물론 우리나라는 자본주의를 채택하고 있기 때문에 기업이 이윤을 추구하고 목표 달성을 위해 마케팅을 하는 것은 문제가 없다. SNS 마케팅이 기업 입장에서는 꼭 필요한, 선택의 여지가 없는 활동이라는 것을 부정하는 것도 아니다. 다만 뭐든지 지나치면 모자란 것보다 못하다는 말처럼 너무 과해지다 보면 필연적으로 부작용이 생길 수밖에 없다. 그것이 현대 사회에서는 소유에 집착하는 걸로 나타났고 남들만큼 또는 남들보다 가지지 못한 사람들이 상대적 박탈감을 느끼게 되었다. 그러면서 생긴 비교 심리는 어떤 형태로든 우리에게 유익을 가져다주기는 어렵다는 게 내 생각이다.

예전에 무소유에 대한 이야기를 방송에서 한 적이 있다.

진짜 아무것도 갖지 않는 게 무소유가 아니다. 사람은 태어날 때부터 아무것도 가지지 않고 태어났기 때문에 지금 가지고 있는 모든 것이 내 것이 아니라는 마음을 가지고 있는 것이 무소유다. 인기가 떨어져도 사람들의 관심에서 멀어져도 원래 내 것이 아니므로 무너지거나 힘들어해서는 안 된다고 생각하고 있다. 지금 이 모든 것은 언제든지 없어질 수 있다.

그런데 그 장면을 어떤 분이 캡처해서 블로그에 올린 것을 본 적이 있다. 그 포스팅에는 빡구 형이 어려운 시기를 이겨 내고 득도한 거 같다는 댓글이 달렸는데 그걸 본 순간 웃음이 나왔다. 당연히 득도라고까지 할 수 없고 소유의 부작용에 대해 생각하다가 거기까지 생각이 미쳤을 뿐이다. 그럼 아무것도 가시려고 하지 말고 무소유를 실천하란 말인가, 라고 생각할 수 있겠다 싶어서.

무엇인가에 집착하기 시작한다는 건 무게 중심을 특정한 곳에 과도하게 많이 둔다는 것을 의미한다. 그런 상태에서는 균형을 잃고 시야가 좁아질 수밖에 없다. 그럼 원하는 것을 얻기에도 더 불리해지지 않을까? 소유에 대해 과도하게 집착하다 보면 소탐대실(小貪大失)하기도 쉽고 숲을 봐야 할 때 나무 한 그루에 집착해 원하지 않은 결말을 맞이하게 될 수도 있다.

반면 내려놓기 즉 방하착(放下著)할 수 있다면 우리는 그만큼 비워 낼 수 있고 다른 것을 채울 수 있는 여유가 생기게 된다. 생각해 보자. 욕조 가득 물을 받아 놨는데 비워 내지 않는다면 고인 물은 썩기 마련이다. 계속 담아 두기만 하면 욕조에도 물때가 생기고 결국 물도 오염될 것이다.

흐르는 물이 맑은 물이라는 말이 있듯이 소유하고 싶은 마음을 내려놓고 내 손에 가득 채워진 것을 비워 내 보자. 그렇게 자연스럽게 흘려보내다 보면 내 손 안에는 끊임없이 맑은 물이 흐르게 될 것이다. 비워 내면 다시 채워지고 그렇게 돌고 돌면서 순환하는 것이 세상 돌아가는 이치이자 섭리이다.

움켜쥐고 있다고 언제까지고 내 손아귀에 들어 있을 수는 없다. 우리가 태어날 때 아무것도 가지지 않고 빈손으로 태어났듯 세상을 떠날 때도 가지고 갈 수 있는 것은 아무것도 없다. 그래서 지금 당장 내 손 안에 있다고 언제까지고 내 것이라고 우길 만한 것은 세상에 없다. 모든 것은 변하기 마련이고 세상에 영원한 것은 없다. 이것만 수용하고 받아들여도 우리는 많은 것을 내려놓을 수 있고 그러면 더 풍요롭고 자유로워질 수 있을 것이다. 그러니 내려놓고 비워 내 보자. 이전에는 미처 보이지 않았던 것들이 눈에 들어오고 집착하지 않는 자세에 대한 보상도 받을 것이다.

"어릴 때부터 결핍된 상태에서 자라서 자꾸 소유에 집착하게 되요."

혹시 이런 생각을 하고 있다면 지금 주변을 둘러봤으면 한다. 결핍되었던 어린 시절보다 더 많은 것들을 가지고 있는 건 아닌지 만약 그때나 지금이나 다르지 않다고 느끼는 사람이 있다면 적어도 이것 하나는 가지고 있을 것이다. 어린 시절에는 갖고 싶어도 가질 수 있는 방법이 없었지만 지금은 원하는 것을 자기 자신에게 선물할 수 있는 능력은 갖고 있을 것이다. 어떤 직업이든 일을 할 수 있고 그 대가로 돈을 벌 수 있으며 그렇게 번 돈으로 내가 갖고 싶었던 것들을 가져 봤던 경험이 분명 있을 것이다.

그 과정을 잘 생각해 보면 어린 시절에는 나에게 없던 것이 시간이 지나 상황이 변하고 환경이 바뀌면서 내 손 안에 들어왔을 것이다. 즉 결핍된 상태가 변하면서 채워졌고 이후에 다시 비워 내는 과정을 거쳤을 것이다. 그 흐름을 생각하면 우리가 소유에 과도하게 집착하지 않고 반대로 방하착(放下着)해야 하는 이유를 더 명확하게 알 수 있다.

물의 흐름이 막혀 있는 곳에서 물길을 트면 비워진 곳으로 물이 흐르고 채워진다. 그때는 가득 채워져 있는 것을 비워 낼 줄 아는 마음이 필요하고 그것이 다른 말은 곧 내려놓음이다. 집착함으로써 스스로를 고통과 번뇌에 가두지 말고 내려놓고 비워 내자. 그것이 가능할 때 우리 주변에는 더 새롭고 좋은 것들이 흘러 들어올 것이다.

어찌할 수 없다면
보지도 말고 듣지도 마라

"너무 괴로운데 내 힘으로 할 수 있는 것이 없을 때는 어떻게 하세요?"

최근에 받은 질문인데 그럴 때는 내려놓는 게 정답이라고 했다. 내가 무슨 수를 써도 바뀌는 게 없는데 그걸 붙잡고 끙끙거리고 있는 것만큼 비효율적이고 비생산적인 것은 드물다.

나이를 먹다 보면 아쉬운 것도 있지만 좋은 것도 있다. 예전에는 아무 영양가 없는 감정 소모에서 벗어나는 데 시간이 걸렸다면 나이를 먹을 수록 그 시간은 짧아진다. 나를 위해 그리고 나를 아끼고 지지해 주는 사람들을 위해서만 쓰더라도 시간은 충분하지 않다.

그럼에도 너무 아프고 힘들어서 내려놓기가 쉽지 않은 경우도 있다. 가령 어떤 프로그램을 같이 하기로 했는데 갑자기 나만 제외시키면 그럴 때는 힘들지 않을 수가 없다. 내가 어찌할 수 없다는 걸 알면서도 머릿속에서 지우고 마음에서 내려놓기가 말처럼 쉽지는 않다.

예전에 그립이라는 플랫폼에서 방송을 했었는데 매출이 좋지 않아 출연료를 받을 수 없었다. 당연히 더는 방송을 할 수도 없었다. 그때 어찌나 마음이 아프던지 마치 해부라도 당한 것 같은 느낌이었다. 그런데 시나고 보니 그때 잘리지 않고 그대로 했으면 어쩌면 뉴진스님이 없었을 수도 있겠다는 생각이 들었다. 나 자신이 조금 간사해 보이기도 했지만 그때서야 안도감이 느껴졌다. 이후에 더 좋은 게 왔으니 역시 인생사 새옹지마(塞翁之馬)라는 말이 틀리지 않다는 생각도 했다.

어떤 일을 함께 진행하다가 강제로 배제된 경험은 누구라도 아프고 쓰릴 것이다. 사람인 이상 계속 그 기억에 얽매이고 신경 쓸 수도 있다. 하지만 그 역시 지나간다는 걸 지금의 나는 잘 알고 있고, 다른 분들도 알고 계실 거라 생각한다. 어떻게 보면 흔하디 흔한 말이지만 모든 기억은 시간의 흐름과 함께 멀어지기 마련이다.

더구나 당장은 슬펐던 일이 나중에는 또 다른 기회의 문이 되었다면 전화위복(轉禍爲福)이 된 셈이니 속상해 할 게 아니라 오히려 감사할 일이다. 나 역시 그랬다. 그립에서 잘린 뒤 먹고 살아야 하니 뭐라도 찾았고 그래서 유튜브에 집중했다. 이후 뉴진스님이 만들어지기까지를 돌아보면 환경이 바뀌면서 더 좋은 결과가 나온 셈이었다.

누구나 갑작스러운 변화 또는 원하지 않던 변동에 불안감을 느낄 수 있지만 자신한테 예비된 길이 따로 있어서 이런 일이 생긴 거라 믿으면 좀 더 수월하게 멘탈을 회복할 수 있다. 그렇게 멘탈을 관리하면 더 좋은 것을 얻기 마련이다.

좀 더 개인적인 경험을 이야기하자면 내가 어찌할 수 없는 외부 요인에 영향을 받을 때 나는 귀 닫고 눈을 감는 방법을 선택한다. 그럴 때는 가급적 노출을 삼가고 조용히 지내는 것이 상책이라고 생각한다. 그리고 제한적이지만 내가 할 수 있는 부분들도 있다.

예를 들어 내 유튜브 채널에 악플이 달리면 눈에 띄지 않도록 삭제를 한다. 악의 없는 비판은 받아들일 수 있어도 다분히 감정적인 비방은 아무리 연예인이라도 한정 없이 감내하기 어렵다. 그럴 때는 나뿐만 아니라 내 채널에 들어와 주시는 다른 분들의 정신 건강과 안구 정화를 위해 무분별하고 부적절한 악플은 삭제한다. 그러면서 일종의 카타르시스를 느끼기도 하는데 악플을 지우면서 그 댓글을 단 악플러의 말을 받아치며 삭제 버튼을 클릭하기 때문이다.

사실 악플을 다는 사람은 자신이 달아 놓고도 까맣게 잊어버리는 경우가 허다하다. 그들이 악플을 단 사실을 잊어버리는 이유는 그것이 습관이 되었기 때문이다. 늘 그랬듯 악플을 달고 잊어버리고 또 악플을 달며 부정적인 업을 산처럼 쌓고 있는 것이다. 한편으로는 안타깝지만 그런 사람들과는 댓글로도 말을 섞지 않은 편이 좋다.

다만 언론 기사인 경우 일부러 수행하려고 보는 경우도 있다. 그러다 보면 내가 더 단단해진다. 요즘 연예 섹션 기사에는 댓글을 달 수 없게 되어 있지만 정치, 사회 분야 기사에는 댓글 창이 열려 있는 경우가 내다수다. 가끔 그런 곳에 달린 댓글을 볼 때가 있는네 특히 네이버 뉴스에 달리는 댓글 80%는 한결같이 악플 일색이다. 좋은 내용은 절대 달지 말라는 암묵적인 룰이라도 생겼나 싶을 정도로 악플 천지인데 그런 댓글들을 보다 보면 눈살이 절로 찌푸려진다. 다만 한편으로는 이런 식으로 생각하는 사람 대다수가 삶이 버겁고 세상에 시달리는 불쌍한 사람이라는 생각은 한다. 어떻게 하면 이렇게 안 좋은 생각만 할 수 있는 건지 신기할 지경이라 곰곰이 생각해 봤는데 결국 지금 본인의 상황이 힘드니 그로 인한 스트레스를 악플로 풀고 있다는 결론을 내렸다.

하지만 그것은 현재 가지고 있는 문제를 해결하는 데 어떤 도움도 되지 않는다. 스트레스 해소는 부작용이 남지 않는 방법으로 해야 후유증이 남지 않는 법이다. 누군가의 기분을 상하게 하고 인격적인 모욕감을 주며 심지어 집요할 정도로 악의적인 비방을 하는 부정적인 사람을 과연 세상이 얼마나 호의적으로 대해 줄까? 어떤 사람들은 세상은 모질고 비정한 곳이라고 말하기도 하지만 그럼에도 불구하고 세상은 아직 살만한 곳, 따뜻한 마음을 지닌 사람들의 마음이 등불처럼 환하게 비춰지는 곳이기도 하다.

생각해 보면 인터넷에서 악플을 달고 일상생활에서 끊임없이 다른 사람의 뒷담화를 하며 세상에 대한 불신과 불만에 가득 차 있는 사람은 내면 역시 부정적인 관념으로 가득 차 있을 확률이 높다. 그런 사람들은 대체로 자존감이 낮을 거라는 생각을 했는데 성장 과정에서 지지와 응원을 받을수록 자존감이 높아지는 반면 부정당하고 지지받지 못할수록 처음에는 자기 자신을 신뢰하지 못하다가 종국에는 세상에 대한 불신을 키워가기 마련이다.

따라서 자존감이 낮다는 건 자기 자신을 소중한 존재라고 인식하지 못하는 상태라는 것을 의미한다. 그런 사람과 나누는 커뮤니케이션은 나에게 유익하기보다는 나를 피폐하게 만들 가능성이 높다. 물론 지치고 힘든 상태의 누군가를 위로하고 용기를 북돋아 주는 것은 아주 의미 있는 일이다. 하지만 그것은 상대방이 건강한 마인드와 높은 자존감을 가지고 있을 경우에 해당한다. 스스로에 대한 불신이 세상을 향한 악의로 변한 사람의 말에 귀를 기울여 주기에는 우리가 가진 시간은 너무나 귀하고 가치 있다. 그러니 내 힘으로 안 될 어찌할 수 없는 일에는 눈을 감고 귀를 닫아 마음의 평정심을 유지하자. 그것이 훨씬 의미 있는 일일 테니까.

내 환경은
내가 만든다

우리는 인생을 살아가면서 수없이 많은 사람을 만나고 그들과 영향을 주고받는다. 다른 누군가와 인연이 닿는 것 자체는 내가 선택할 수 있는 여지가 많진 않지만 만나는 사람들 중 누구와 지속적으로 친분을 이어갈 것인지는 내 선택에 달려 있다. 사실 30대 중반까지는 깊게 생각하지 못했는데 마흔이 넘어가니 어떤 사람과 함께하느냐가 삶의 질을 크게 좌우한다는 걸 체감했다. 이왕이면 밝고 긍정적인 사람을 곁에 두는 편이 훨씬 나에게 유익하고 중요하다는 사실을 깨달은 것도 그 무렵이었다.

앞에서도 밝혔듯 나는 주변 상황이 고되고 힘들수록 운동으로 멘탈을 관리한다. 그러다 보면 함께 운동하는 사람들을 자주 만나게 되는데 그들과 가깝게 지낼수록 의지가 생긴다는 사실을 새삼 느낀 적이 있다. 반면 술을 자주 마시는 사람들은 술에 대한 의존도가 높을수록 참을성과

인내심이 줄어들고 종국에는 멘탈 관리까지 제대로 안 되는 경우가 많았다. 성급하게 일반화시킬 수는 없지만 내 주변에서는 대체로 그런 경향이 보였다.

어디에서 들었는지 정확히 기억은 안 나지만 신경정신과에 우울증으로 상담받으러 오는 사람들 중 헬스 트레이너는 거의 없다고 한다. 꾸준히 지속적으로 운동을 하면 뇌에서 엔드로핀 같은 호르몬이 분비되는데 이 호르몬들이 우울감과 스트레스를 줄이는 데 도움이 되기 때문이란다. 헬스 트레이너는 하루 중 대부분의 시간을 운동하기에 좋은 환경에서 보내기 때문에 그런 긍정적인 효과를 일반인들보다 많이 누린다고 한다.

나 역시 아무리 바빠도 운동하는 시간이 아침 루틴으로 자리 잡은 상태라 멘탈 관리에 긍정적인 영향을 받은 듯싶다. 실제로 오전 시간 중에 스트레칭을 하고 나면 몸이 가볍고 정신이 맑아지는 데 과학적으로는 호르몬의 영향 때문이겠지만, 운동을 한 뒤 느껴지는 활력과 생기는 호르몬의 작용이라는 단순한 정의로 다 설명되지 않는다.

트레이닝을 한 번이라도 받아 본 사람은 알겠지만 체계적으로 운동을 하기 시작하면 목표를 세우고 하나씩 성취해 나가는 보람을 느낄 수 있다. 그것은 자신감으로 이어지는데 그러다 보면 밝고 긍정적인 성격을 갖게 된다. 인생을 살면서 힘들고 어려운 일이 닥치는 것 자체는 인력으로 막을 수 없다. 하지만 어떤 마인드를 가지고 헤쳐 나가는지에 따라 그 결과 값은 놀랄 정도로 큰 차이를 보인다. 긍정적인 사고방식을 갖는 것이 중요한 이유가 여기에 있다.

어둡고 부정적인 사람보다 밝고 긍정적인 사람에게 더 끌리는 건 인간의 본성이다. 같이 있으면 왠지 모르게 긴장되고 불편해지는 사람보다 편안하고 말이 잘 통하는 사람과 어울리고 싶은 건 차별이 아니라 지극히 자연스러운 일이다. 주변에 밝고 따뜻한 기운을 가진 사람이 많은 것과 매사 까칠하고 차가운 사람이 많은 것 사이에는 큰 차이가 존재한다. 깊게 생각하지 않아도 긍정적인 사람과 함께할수록 더 많은 기회가 다가오고 어려운 상황도 돌파해 나갈 수 있는 동기 부여가 된다는 건 누구나 이해할 수 있을 것이다.

"괜찮아, 다 잘될 거야. 기운 내."

고민되거나 힘든 일이 있을 때 따뜻한 위로의 말 한마디에 때로는 삶의 무게가 덜어질 수 있다. 그런데 그런 인연들이 가만히 있으면 저절로 내 주변에 모여들까? 물론 사람과 사람 사이의 인연은 우리가 물건을 살 때 옵션을 선택하듯 원하는 대로 선택할 수 없다. 하지만 유유상종(類類相從)이라는 말도 있듯이 우리에게는 나와 비슷한 사람을 끌어들이는 힘이 있다. 그러므로 주변에 긍정적이고 좋은 사람이 많기를 바란다면 나 역시 그런 사람이 되어야 한다. 그렇기 때문에 내 환경은 내가 만드는 게 된다.

인간관계는 내 마음의 풍경을 구성하는 중요한 요소이기도 하다. 주변 사람들과의 관계에서 어떤 감정을 느끼는지가 심리 상태에 적지 않은 영향을 미치기 때문이다. 만약 부정적인 마인드를 가진 사람이 주변에 많다면 의식하지 못하는 사이 나 역시 그들을 닮아 갈 가능성은 얼마든지 있다. 나에게 그것은 내 마음의 풍경이 어둡고 쓸쓸해지기 쉽다는 걸 의미한다. 어느 한편으로는 그 역시 우리가 사는 세상을 이루는 풍경이라는 생각을 하지만 기본적으로 나는 어둡고 추운 곳을 밝고 환하게 만들어 주는 것이 바람직하다고 생각한다.

내가 무심코 던진 말 한 마디에 누군가는 밝고 환한 에너지를 느낄 수 있고 별 생각 없이 내뱉은 말에 상처를 받을 수도 있다. 이것은 내가 하는 말, 내가 맺는 인간관계가 나를 둘러싼 환경을 만든다는 것을 의미한다. 그래서 나는 보다 긍정적이고 밝은 마음을 품고 나를 둘러싼 환경을 따뜻하게 만들고 싶다. 그런 의미에서 내 환경은 내가 만든다는 말은 나에게 단순히 현상을 설명하는 말이 아니라 내 삶의 주도권을 갖는 것을 뜻하기도 한다.

곰곰이 생각해 보면 삶의 주도권을 온전히 갖고 능동적이고 적극적인 자세로 인생을 살아가는 것만큼 내가 나에게 줄 수 있는 좋은 선물도 드물지 않을까 싶다. 실패나 시행착오를 겪더라도 내가 판단하고 내가 선택하는 자율성이 보장된 삶을 사는 것이 나에게는 아주 중요하다.

그렇다면 인간관계 역시 만나면 만나지는 대로 수동적으로 수용할 것이 아니라 내가 원하는 방향성으로 최대한 끌고 가며 정리할 건 정리하는 것이 내 삶의 주도권을 갖겠다는 모토와도 부합한다고 본다. 그렇게 하려면 나부터 내가 바라는 환경에 어울리는 사람이 되는 것이 중요하다.

내가 매사에 부정적이면 그런 사람들만 만나게 되는 것이 세상 돌아가는 이치다. 부정적인 사람 옆에 좋은 사람들이 모이는 법은 없다. 무겁고 날선 에너지가 감당이 안 되기 때문에 좋은 사람들이 떠나기 때문이다. 이것은 내가 부정적인 생각을 하면 할수록 결국 내 주변에 좋은 사람들이 있어도 떠나보낼 수밖에 없다는 사실을 의미한다.

참 안타까운 일이지만 이런 생각을 하지 못할 정도로 계속 비관적인 생각만 하는 사람들이 있다. 부정적인 생각이 끊임없이 되풀이되는 악순환을 끊어야 한다는 것조차 모르고 그서 외부 탓만 하는 사람들은 정말 답이 없다고 보면 된다. 부정적이고 비관적인 생각을 안 해야 좋은 사람들이 내 주변에 있고 그런 사람들과 함께해야 상황이 더 나아질 수 있음에도 이것조차 이해하지 못하면 정말 답이 없는 상태라고 결론지어도 무방하다. 또한 그렇기 때문에 긍정적으로 생각하고 말하라는 게 그저 듣기 좋으라고 하는 말이 아닌 것이다. 행복한 삶을 원한다면 긍정적인 마인드를 유지하는 일이 너무 중요하다.

좋은 습관이 나를 좋은 사람으로 만들어 주고 그렇게 하다 보면 내 주변에 좋은 사람들이 모이기 마련이다. 이 흐름을 잘 들여다보면 나를 둘러싼 환경은 바로 내가 만들어가는 것이라는 말을 충분히 이해할 수 있을 것이다. 콩 심은 데 콩 나고 팥 심은 데 팥 난다는 말이 너무 상투적이고 식상해 보여도 좋은 것을 심으면 좋은 것이 나오고 나쁜 것을 심으면 나쁜 것이 나오는 건 너무나 당연한 섭리다. 그러니 좋은 환경에서 기쁨과 행복감을 충분히 누리며 살아가길 원한다면 나부터 긍정적이고 좋은 사람이 되자. 그러면 내 환경은 내가 만든다는 단순한 진리를 더 깊게 이해하고 정말 그렇다는 걸 생생하게 체감할 수 있을 것이다.

3장

용기 없는 사람에게
다가오는 눈먼 행운은 없다

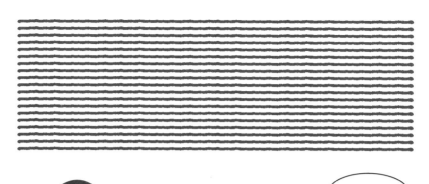

가장 귀한 것은
시간이다

39살이 되던 해 불혹을 1년 앞두고 앞으로의 목표에 대해 생각했다. 당시 나는 목적은 없어도 목표는 가져야 한다고 생각했고 1년 뒤인 40 세가 아니라 50세 때의 내 모습에 대해 생각했다. 그러면서 11년이란 긴 시간을 어떻게 보낼 것이고 그땐 어떤 사람이 되어 있을지를 고민했다. 그런 다음에 생각한 것이 50세까지 '외국어 3개 배우기'였다.

사람들은 대부분 이번 달 또는 길어야 올해를 살아가는 것에 신경을 쓰지만 나는 더 멀리 내다볼 필요가 있다고 생각했다. 그래서 30대의 마지막 해인 39살 때 50세가 된 나를 생각했고 앞으로 11년 뒤에는 3개 국어를 할 수 있는 멋진 아저씨가 되자, 라는 목표를 세웠다. 1년 뒤인 40 세가 아니라 10년을 더해 11년 뒤의 내가 어떻게 나이 들어 있을지를 생각했다.

"30대 때는 50대가 올 거라는 생각을 안 하고 40대에는 60대가 올 거라는 생각을 하지 않아요."

39살에 왜 50세가 됐을 때를 생각했냐고 물으면 나는 이렇게 대답한다. 당장 1년 뒤가 아니라 10년 뒤 20년 뒤에도 행복하게 살아야 하고 그렇게 하려면 늘 준비하고 있어야 하는데 사람들은 다음 달 또는 기껏해야 1년 뒤만 생각한다고, 그건 인생을 너무 좁게 보는 거라고 말한다.

그런데 나 역시 20대 때는 40세가 될 거란 생각을 하지 않았다. 그나마 그때는 약간 정상참작(?)의 여지가 있는 것이 스무 살이란 나이는 미성년 시절을 지나 갓 성인이 된 시기이니 그동안 못 했던 것들, 기분 좋은 미래를 상상하는 것만으로도 머릿속에 빈자리가 없을 수 있다.

그렇게 얼마간의 시간이 지나 30세가 되면 조금은 충격을 받는 사람들도 있다. 일명 달걀 한 판 나이. 더는 어리다고 할 수 없는, 이제 나이 먹었다는 것을 인정(?)할 수밖에 없는 나이가 됐다는 인식이 생기면서 언제까지고 이어질 것만 같았던 20대를 그리워하는 사람들도 있다. 하지만 30대는 여전히 젊고 활력 넘치는, 할 수 있는 것이 너무나 많은 나이다. 나는 그 시기를 거의 다 흘려보내고 나서야 11년 뒤 50세가 됐을 때를 생각했고 40대에 들어선 뒤에는 60대가 됐을 때를 계획했다.

요즘 말로 MZ 세대에 속하는 분들은 동의하지 않을 수도 있지만 나는 젊을 때보다 늦은 나이에 찾아오는 복이 더 좋다고 생각한다. 나이를 먹은 뒤에 찾아온 선물인 만큼 그 복을 어떻게 더 잘 활용할 것인지 세상 경험에 비춰 가늠해 볼 수도 있고 경험치가 쌓였기 때문에 나름의 선견지명을 가질 수도 있다. 물론 그 차이가 별것 아니라고 생각하는 사람도 있고 나이 먹으면 빠르게 변화하는 세상에 대한 적응력이 떨어지기 때문에 좋은 기회가 찾아와도 재빨리 써먹지 못할 거라고 생각하는 사람도 있다.

하지만 해외에서 발표된 연구 결과에 따르면 인간의 인지 능력은 단계별로 정점에 달하며 학습 능력 및 기억력이 정점에 달하는 시기는 10대 후반부터 30대 초반이지만 타인의 의도와 감정 등을 종합적으로 파악하고 분별하는 사회적 이해 능력은 45~55세에 정점에 달한다고 한다.

사회생활을 해 본 사람이라면 대부분 이해하겠지만 오랫동안 영향력이 지속되는 성취는 사람에 대한 본질적이면서도 복합적인 이해에 기반을 두고 있다. 학습 능력이나 기억력은 40대 이전이 더 좋더라도 오랫동안 지속성을 가지는 성과는 사회적 이해 능력이 바탕이 되어 있을 때 성취하기 더 유리하다. 그래서 나는 나이가 든 다음에 오는 복이 더 좋다고 생각한다. 경험치가 쌓이고 인간에 대한 이해가 더 깊어진 뒤에 얻는 성취는 그 후 좌절과 고난이 찾아오더라도 현명하고 지혜롭게 문제를 해결할 방법을 알려 주는 이정표가 되어 줄 수 있다.

이와 관련된 예로 성공한 CEO의 사례가 있는데, 그분의 스토리를 살펴보면 거듭된 실패와 고난에도 어떤 조건이 충족되면 재기에 성공할 수 있는지를 알 수 있다.

그분은 고등학교 졸업 뒤 외삼촌이 운영하던 페인트 가게를 물려받아 사업을 확장시키다 7년 만에 폐업 절차를 밟은 뒤 오락실과 제과점 사업으로 빚을 모두 청산했다고 한다. 그런 다음 의류 사업에 뛰어들었는데 워낙 열정적이고 의욕이 넘치던 터라 사업은 승승장구했지만 회계 관리에서 실수가 있어 결국 전 재산을 날리고 만다. 그때 그 CEO의 나이가 40세였다.

이후 1년 간 와신상담한 끝에 이전까지는 없었던 3050 여성들을 위한 여성복을 만들어 내는데 그 브랜드는 폭발적인 인기를 끌게 된다. 그 전까지는 30대만 넘어가도 올드한 티가 역력한 제품이 주를 이루고 있었다면 완전히 새로운 감성을 담은 브랜드가 출시되자 그가 타겟으로 삼은 고객층은 열광했다. 그렇게 9년이 지나고 그가 야심차게 내놓은 브랜드는 단일로는 최초로 3,000억 원이 넘는 매출을 기록하게 된다. 그때가 IMF 외환위기가 한창이던 90년대 후반이다.

이후 사업은 더 번창해 현재는 탄탄한 기반을 다진 종합패션유통기업으로 자리를 잡았다. 40세 이전에 시행착오를 겪었던 것과는 달리 이후에는 고객층의 라이프 스타일과 사회 및 경제 상황을 충분히 고려한 전략으로 고객의 신뢰를 얻은 것이 유효했다. 자신이 포커스를 맞춘 고객들에 대한 충분한 이해가 성공의 열쇠가 된 것이다.

이 CEO의 성공 스토리를 통해 우리는 지속적인 성장과 성취를 이루려면 어떤 조건이 충족되어야 하는지 그리고 인생의 초반부에 들어오는 복보다 중반 이후에 들어오는 복이 보다 안정적으로 지속성을 발휘하는 이유를 가늠해 볼 수 있다.

그리고 이 분의 스토리에서 내가 배운 또 한 가지는 완전히 기반을 삽

기까지 몇 번의 성공과 실패를 오갔지만 그런 부침 속에서도 시간을 그 냥 흘려보내지 않았다는 점이다. 포기하지 않고 끝까지 노력한 것은 물 론이거니와 계속해서 도전했고 그러한 도전 정신은 실패를 실패로 남겨 두지 않는 원동력이 되었다.

이 분이 전 재산을 잃고 원점에서 다시 시작한 때는 90년대 후반으로 낭시 이 CEO는 40세를 막 넘기고 있었다. 30년 가까이 지난 지금도 우 리 사회에서는 어떤 일을 할 수 있는 '때'가 있다는 인식이 강하게 퍼져 있다. 그때는 이런 관념이 더 심했을 때였다. 그럼에도 타인의 기준을 내 재화시키지 않고 자신만의 길을 치열하게 걸어 간 그 CEO는 결국 자신 이 옳았다는 사실을 증명했다.

"그 나이 먹고 외국어 공부는 왜 해?"

성공한 CEO에 비할 건 아니지만 나 역시 40줄에 들어서 외국어를 배 우겠다고 하니 주변에서 이런 반응을 보이는 사람들이 있었다.

"그냥. 50세 때 외국어 잘하는 멋진 아저씨가 되는 게 내 목표야."

뚜렷한 목적 없이 의미 없어 보이는 목표만 세우고 그것을 달성하겠 다는 내가 누군가가 보기에는 이해가 안 됐을 수도 있지만 지금 나는 공백기에 중국어 공부를 한 덕을 톡톡히 보고 있고 그래서 시간을 들여 정진하고 노력한 결과물이 무용지물이 되는 경우는 없다는 것을 확인 한다.

사실 작년만 해도 2024년에는 미국에서 한 달 살기를 하는 것이 목표 였다. 그러면서 해도 좋고 안 해도 좋다는 생각을 했는데 만약 미국에 못가면 그만큼 일이 많아졌다는 뜻이었기 때문에 그것도 좋다고 생각했고 계획대로 미국에서 한 달 살기를 했으면 영어가 늘어서 좋은 일이라고 생각했다. 어느 쪽이든 나한테 나쁠 게 없다는 긍정적인 마인드로 계획을 세웠는데 그때는 2024년에 이 정도로 큰 변화가 올 거라고는 생각하지 못했다. 2023년 11월만 해도 스케줄이 많이 없어 비는 시간마다 학원에 가서 공부하는 것이 일상이었다.

하지만 그때도 나는 바빠질 거고 그래서 시간이 있을 때 배워 놔야 된다는 생각은 하고 있었다. 앞으로 바빠질 거란 객관적인 근거가 있는 것이 아니었는데 마치 마인드 컨트롤하듯이 바빠지면 그때는 시간이 없으니 지금 다져 놔야 해, 라는 생각을 했다.

지금도 나는 오후 6시 30분이 되면 화상 통화로 튜터와 영어 회화를 한다. 작년에 예상(?)했던 대로 스케줄 때문에 못 할 때도 있지만 최대한 빼먹지 않고 매일 잠깐씩이라도 영어 회화 연습을 하려고 신경 쓰고 있다.

"무대에서 공연할 때 영어가 필요한 것도 아닌데 꼭 그렇게까지 해야 하나요?"

가끔 이렇게 묻는 사람이 있는데 중국어 공부를 할 때도 나는 이 공부가 뒷날 요긴하게 쓰일 거라는 생각으로 한 게 아니었다. 그랬다가 뉴진스님이 해외에서 반응이 올라오면서 해외 스케줄이 생겼고 이후 타이완에서 아이돌에 버금가는 큰 응원을 받으며 중국어 공부를 한 덕을 봤다. 외국어 실력을 쌓아 어디에 써먹겠다는 구체적인 목적은 없었지만 내게 주어진 시간을 의미 없이 흘려보내지 않고 실력을 쌓는 데 투자했기 때문에 받은 보상이라고 생각한다. 그리고 다시 한번 시간이 가장 귀하다는 사실을 알 수 있었다.

"우리가 잃어버린 건 시간이다. 시간은 누구의 편도 아니다."

언젠가 미드를 보다가 인상 깊게 눈에 들어온 대사다. 지금보다 평균 수명이 훨씬 짧았던 시대, 그 시대를 살다 간 사람들의 인생은 너무나 짧았고 그래서 시간이 더 귀했던 걸 수도 있다. 하지만 시간은 누구의 편도 아니라는 말처럼 이전 시대나 현대 시대나 인간에게 주어지는 시간은 공평하고 단지 그 시간을 얼마나 가치 있게 쓰느냐 무의미하게 흘려보내느냐가 다를 뿐이다.

무엇인가를 원하든 원하는 것이 없든 시간은 태어난 이상 우리에게 주어진 기본 옵션 같은 것이고 그래서 시간의 가치를 잘 모를 수도 있다. 하지만 어떤 대가를 치러도 흘러간 시간을 다시 되돌릴 방법은 없다. 그래서 시간은 가장 귀한 것이며 무엇인가를 이루거나 얻고 싶은 것이 있다면 가장 귀한 시간을 가치 있게 쓸 줄 알아야 한다. 그래야 원하는 것이 무엇이든지 그것을 바랄 수 있는 자격이 생기며 시간을 의미 있고 값지게 쓴 사람에게 미래의 행운은 가장 우호적일 것이다.

최고의 행운은
스스로 만드는 행운이다

절대적으로 믿고 맹신하는 것은 아니지만 간혹 사주를 보며 내 운을 가늠해 볼 때가 있다. 작년에도 어플을 통해 사주를 봤는데 올해 좋은 운이 들어오고 있다는 사실을 알았다. 그래서 뉴진스님이 이렇게 잘될 줄 알았냐는 질문을 받으면 구체적으로는 몰랐지만 좋은 운이 들어 온다는 정도는 알고 있었다고 대답하기도 한다. 그렇다고 내가 운이 좋아 올해 이 정도의 관심과 사랑을 받았다고는 생각하지 않는다. 운은 운일 뿐 오늘날의 뉴진스님을 만들어 준 것은 처음부터 끝까지 관객과 대중 분들이다.

"그래도 뉴진스님 캐릭터 자체가 없었다면 대중들도 디제잉하는 스님을 못 봤을 수 있잖아요."

이따금씩 내가 아니더라도 뉴진스님처럼 무대 위에서 디제잉하는 스님 캐릭터가 나왔을까, 라는 생각이 드는데 말 그대로 확률은 반반이라고 생각한다. 나오거나 안 나오거나. 둘 중 하나였을 거라는 대전제는 바뀌지 않았을 것이다. 그래도 솔직히 말하면 만약 내가 아니라 다른 사람에게 행운이 갔다면 나도 저거 할 수 있는데, 라며 조금 아쉬워했을 거는 같다.

하지만 나로서는 천만다행으로 무대 위에서 디제잉하는 스님 캐릭터는 내 몫이 되었고 덕분에 춥고 어두웠던 시기를 지나 밝고 따뜻한 시절을 맞이했다. 예전과는 비교가 안 되는 바쁜 스케줄로 눈 아래에 다크 써클이 생길지언정 지금 나는 어느 때보다 화사해 보일 것 같다. 관객들과 호흡하며 많이 웃어서도 그렇고 더 긍정적인 마인드를 갖게 된 것도 작용했을 것이다.

사실 이 모든 것이 단지 좋은 운이 들어왔다고 저절로 만들어지는 건 아니라고 생각한다. 기본적으로 나는 사주상 운이 들어오는 시기라도 그 흐름 안에서 얼마만큼의 행운을 만들어 내느냐는 나한테 달려 있다고 생각한다. 만약 내가 이전부터 디제잉을 배워 두지 않았거나 뭐라도 해야 한다는 생각에 유튜브를 하고 있지 않았다면? 대중들이 보고 좋아해 주실 만한 것 자체가 없었기 때문에 아무 일도 일어나지 않았을 것 같다. 아무것도 하지 않으면 아무 일도 일어나지 않는다는 말처럼.

물론 뉴진스님에 대한 관심과 응원, 인기는 대중들이 끌어내 주고 만들어 준 것이다. 다만 미리 준비해야 하는 일은 내 몫이었다. 언젠가 기회가 왔을 때 그것을 잡을 수 있을 만한 역량과 콘텐츠가 없다면 말 그대로 아무것도 하지 않았기 때문에 아무 일도 일어나지 않았을 것이다.

"나도 하루하루 열심히 사는데 아무 일도 일어나지 않아요. 아직 운이 들어오지 않아서 그런 걸까요?"

만약 누군가 이렇게 묻는다면 운은 내가 기다리지 않아도 시간이 지나면 들어올 것이고 중요한 건 무슨 일이 생길 만한 일을 하고 있어야 한다고 대답할 것이다. 앞에서도 말했듯 운이 들어오고 기회가 다가왔을 때 그것을 잡을 수 있을 만한 콘텐츠가 있어야 한다. 즉 별다른 의미 없이 시간을 채워 갈 뿐인 일상을 보내면서 할 일 하며 지냈으니 나로서는 열심히 했다, 라고 말하면 안 된다는 뜻이다.

사실 이전과는 다른 생활, 다른 성과를 내고 싶다면 우선 지금까지 해 온 생각과 생활 습관부터 바뀌어야 내가 원하는 변화가 온다.

행동을 심으면 습관을 거둔다. 습관을 심으면 성격을 거둔다. 성격을 심으면 운명을 거둔다.

_찰스 리드

영국의 소설가 겸 극작가, 찰스 리드가 습관에 대해 한 말이다. 습관이 결국 운명이 된다는 이 말에 나는 격하게 동의한다. 언젠가 방송에 나가 습관이 되면 못할 일이 없다, 라고 말한 것도 비슷한 맥락에서 한 말이다.

내가 아니더라도 기존에 출간된 자기 계발서들을 보면 '일상의 작은 습관이 모여 인생을 변화시킨다'는 메시지를 담고 있는 경우가 많다. 습관의 힘이 얼마나 막강한지를 알려 주고 있다고 생각한다.

물론 우리의 일상은 매순간 소중하고 그래서 어떤 일은 가치 있고 어떤 일은 무가치하다고 규정할 생각은 없다. 다만 TV를 보고 집안일을 하는 것이 미래의 삶을 변화시켜 주는 습관이 되기는 어렵다. 다가오는 좋은 운을 잡으려면 내 생활을 조금이라도 바꿀 만한 습관을 가지고 있어야 한다. 이 조건이 맞아 떨어지면 우리는 그동안 좋은 습관을 꾸준히 유지해 온 덕을 볼 수 있다.

그런데 습관만 잘 들여 놓으면 좋은 운을 최대한 활용할 수 있을까? 습관의 막강한 힘은 알지만 그것만으로 충분하다고는 생각하지 않는다. 어떤 일이 잘되려면 여러 가지 조건이 맞아야 한다는 말이 맞다고 생각하기 때문이다.

뉴진스님의 경우 이런 저런 조건들이 너무 잘 맞아 떨어진 케이스였고 나는 그것이 좋은 운이 들어오는 시기와 맞물리면서 포텐이 터진 거라고 이해한다. 즉, 어떤 일이 잘되려면 운도 필요하되 운만으로는 되지 않고 내가 만들어 가는 부분과 다른 사람들의 지지가 분명히 필요하다고 본다. 이것을 뒤집어 보면 예전 어느 시기에는 사주상 좋은 운이 들어왔어도 내가 못 만들어 냈을 때가 있었을 거라고 생각한다. 그때는 좋은 운을 활용할 만한 준비가 안 돼 있었을 게 분명하고.

"제 나이가 지금보다 어렸다면 그리고 만약 결혼을 했다면 뉴진스님은 없었을 것 같아요."

개그맨 윤성호의 부캐 뉴진스님이 대중의 관심과 지지를 받을 수 있었던 이유에 대해 생각할 때 지금 내 나이보다 어렸더라면 그리고 미혼이 아닌 기혼 상태였다면 뉴진스님 캐릭터는 애초에 만들어지기 어려웠을 거라는 생각을 한다. 50세를 바라보는, 이제 웬만큼 인생의 쓴맛, 단맛을 골고루 본 나이이기 때문에 수행하는 스님의 이미지와 큰 이질감이 없었을 것이고 무엇보다 기혼자였다면 아무리 부캐라지만 스님이라는 설정을 대중이 받아들이기 어려웠을 것이다.

무엇보다 감사하게 생각하는 조건은 불교계에서 뉴진스님을 포용해 준 것이다. 뉴진스님의 행사 영상이 화제가 되기 시작했을 때 사람들은 진짜 스님이 무대 위에서 디제잉을 하는 줄 알고 아주 쇼킹한 충격을 받았다. 이후 개그맨 윤성호의 부캐라는 사실이 알려졌지만 불교계가 뉴진스님을 포용해 주는 것을 보고 불교에 대한 호감을 갖게 되었다는 반응이 많았다. 만약 불교계에서 우리와 맞지 않다, 불교를 희화화시키는 것 같다는 반응이 나왔다면 어떻게 됐을까? 그랬다면 지금 같은 좋은 화제성이 아니라 구설수에 올라 지금처럼 좋은 한 해가 되기는 어려웠을 것 같다. 대중이 좋아하고 화제가 되었어도 불교계의 포용이라는 단추가 끼워지지 않았다면 이 정도의 반향은 없었을 거라 생각한다.

그래서 나는 행운이란 내가 만들고 주변 사람들도 도와주는 가운데 좋은 운이 들어오는 3박자가 맞을 때 비로소 얻게 되는 거라고 생각한다. 여기서 꼭 알아야 할 건 다른 조건들은 내가 컨트롤할 수 있는 부분이 아니므로 내가 준비되어 있어야 한다는 점이다. 내 몫은 내가 하고 있어야 다른 조건들이 맞았을 때 시너지가 나므로 일단은 내가 해야 하는 의미 있는 일을 찾아 꾸준히 지속하고 있어야 최고의 행운을 만들어 낼 수 있다.

내 마음이
미래를 결정한다

사람은 누구나 바라는 것이 있다. 그것이 돈이든 좋은 직장이든 사랑이든 지금 자신에게 결핍되어 있는 것을 갖고 싶다는 심리는 누구에게나 있다. 하지만 원하는 것을 얻기란 쉽지 않고 많은 사람들이 이 점을 잘 알고 있다. 나 역시 그렇다. 내가 바라는 것을 얻으려면 그에 상응하는 수고와 노력이 기본적으로 전제되어야 한다고 생각한다. 힘들이지 않고 좋은 것을 공짜로 손 안에 쥘 수 있을 만큼 우리가 사는 세상은 호락호락하지 않다.

그런데 포기하지 않으면 결국은 이룰 수 있다는 믿음과 자신감을 가지고 공을 들이는 것과 어차피 나는 안 될 거야, 하고 생각하면서도 일말의 기대감을 가지고 소극적으로 바라는 것 사이에는 엄청난 차이가 있다. 전자는 자신의 잠재력을 십분 발휘할 수 있는 상태이지만 후자는 될 일도 안 되게 만들 수 있는, 성공과는 어울리지 않는 마인드다. 그렇기 때문에 원하는 것이 있다면 어떻게 해서든 털어 내야 한다. 물과 섞이는 기름이 없듯이 부정적인 마인드로 얻을 수 있는 '좋은 것'은 세상에 없다.

모든 것은 변하고 지나간다고 했지만 내 운명을 결정하는 것은 오로지 나뿐이라고 생각하고 있다. 내가 무엇을 원하든, 바라는 것을 얻게 해 주는 힘은 내가 세상에 태어나고 자라는 동안 나와 함께 자랐을 것이다. 그래서 내면에 잠든 잠재력을 끌어내어 그것을 발휘하게 해 준다면 일이 이루어질 것이다. 결국 일이 되고 안 되고는 결국 내 마음에 달려 있다고 생각한다.

"평범한 사람은 자신의 정신적 능력 가운데 10% 정도밖에 사용하지 않습니다."

미국의 심리학자 윌리엄 제임스가 한 말이다. 겨우 10%라는 말에 깜짝 놀랐는데 동시에 나머지 90%를 다 쓴다면 무슨 일이 벌어질까란 생각이 들었다. 그런데 왜 사람들은 자기 능력의 10%밖에 사용하지 못하는 걸까? 나는 딱 10%만 쓸 거야, 라며 나머지 능력치를 활용하는 것을 거부할 사람은 없을 것이다. 그것은 곧 자신 안에 어떤 잠재력이 있는지도 모르고 있거나 끄집어낼 방법을 모른다는 뜻일 수도 있다.

만약 내가 어느 정도의 잠재력을 갖고 있는지조차 모르고 있는 상태라면 그 사람은 스스로에 대한 믿음 즉 자신감이 떨어져 있을 가능성이 높다. 다행스러운 건 자신감이 떨어져 있어도 그것을 끌어올릴 수 있는 방법은 얼마든지 있다는 사실이다. 경우에 따라서는 자신감을 회복하는 것만으로도 수렁에 빠진 인생을 다시 일으켜 세울 수도 있다.

'지금 죽을 만큼 힘들어도 이걸 이겨 내면 앞으로 못 견딜 일은 없어. 이걸 견디면 앞으로 못 해낼 일도 없을 테고.'

비관적이고 부정적인 생각으로 가득 차 있더라도 이런 생각을 할 수 있다면 그 사람은 자신감을 회복할 수 있다. 겨우 이 정도 생각을 한다고 없어진 자신감이 다시 생기겠냐고 하는 분들도 계시겠지만 자신감이 떨어져 있다는 것은 내가 당장 할 수 있는 게 아무것도 없다고 생각한다는 뜻이기도 하다. 그런 상태에서 이것만 견디면 앞으로 못 해낼 일은 없다, 라는 생각을 한다면 그 자체로 엄청난 변화가 내면에서 일어나는 것이다.

많은 사람들이 외부 환경 또는 외부 조건이 바뀌어야 내면도 변한다고 생각하지만 사실은 그 반대다. 내가 바뀌어야 나를 둘러싼 환경도 변한다. 나는 그대로인데 주변이 바뀌기를 기대하고 그래야 나도 바뀔 수 있다고 생각하는 것은 스스로를 주변보다 낮게 평가하는 것이다. 그런 상태에서는 설사 주변이 바뀐다고 한들 그 변화가 나한테 미치기 어렵고 자신감을 끌어올리는 일은 더더욱 힘들다. 나를 변화시키고 내 삶을 바꾸고 싶다면 다른 누군가가 아니라 바로 내가 바뀌어야 하며 내가 주체가 되어 삶을 능동적으로 이끌어야 한다.

자수성가한 분들의 책을 자주 읽는 것은 아니지만 그분들은 긴장되거나 불안해질 때 스스로에게 용기를 주는 한두 마디 말을 늘 가슴에 품고 있다고 한다. 걱정되는 일이 있거나 나약해질 때면 집 주변을 산책하거나 운전을 할 때 등 사적인 공간에서 큰 소리로 자신감을 줄 수 있는 말을 한다는 것이다. 처음엔 그렇게 한다고 없는 자신감이 생길까 싶었는데 소리 내어 말하는 그 자체가 용기를 내기 시작했다는 뜻이겠다 싶어 속으로만 생각하는 것보다 훨씬 효과적일 거라는 생각이 들었다.

개인적으로 자신감에 대해 생각할 때면 늘 '용기'라는 단어를 같이 떠올린다. 그럴 때마다 배우 모건 프리먼이 한 인터뷰에서 했던 말이 생각난다. 그는 용기는 인생의 열쇠라고 말했다. 이 말은 곧 '인생을 바꾸고 싶다면 용기를 내야 한다'는 뜻이다. 참고로 그는 데뷔 41년 만에 오스카상을 수상했고 그때 그의 나이가 58세였다.

이보다 더 놀라운 것은 그가 조금이나마 이름을 알리기 시작한 때가 나이 50세가 훌쩍 넘었을 때라는 사실이다. 그는 생활고로 노숙자 생활을 할 정도로 상황이 매우 좋지 않았지만 결코 배우의 꿈을 포기하지 않았고 결국 원하는 것을 손에 넣었다.

결과를 알고 있는 상태에서는 고생 많았네, 잘 됐네, 로 정리할 수 있겠지만 당사자 입장에서는 언제 상황이 좋아질지 알 수 없는 불확실한 시간을 용기 있게 버텨 낸 것이고 그것은 쉽지 않은 일이다. 그런데 그가 꿈꾸고 바라 온 삶을 현실로 끌어올 수 있었던 이유는 무엇이었을까? 아마 스스로에 대한 믿음을 갖고 있었고 그 덕분에 꿈을 포기하지 않았기 때문이 아니었을까 싶다. 그는 가난한 집안 형편 때문에 어린 시절부터 공군 입대, 택시나 트럭 운전 등 온갖 궂은일을 해야 했고 배우로서 자리를 잡을 때까지 혹독한 인고의 세월을 보내야 했다. 그러면서도 자신의 삶을 바꿀 수 있는 기회는 누구에게나 주어지고 있다고 말했다.

"항상 앞으로 나아가야 하며 포기하는 것은 선택 사항에 없다. 실패의 가장 큰 원인은 포기다."

개인적으로 모건 프리먼이 한 말 중 이 말을 가장 좋아한다. 뉴진스님의 뉴(NEW)와 나아갈 진(進)도 이 말과 맥락이 통한다고 할 수 있다. 그는 오랜 무명 생활과 생활고에 혹독하게 시달리면서도 기회는 늘 다가오고 있다고 말할 정도로 긍정적인 사람이었고 인내심을 발휘하기 어려운 상황에서도 포기하는 것은 선택 사항에 없다고 말했다.

나는 그가 스스로를 온전히 믿었기 때문에 지금의 성취를 이뤘다고 믿어 의심치 않는다. 그 믿음을 한마디로 요약하면 자신감일 것이다. 그의 말처럼 기회는 누구에게나 오고 있고 우리가 할 일은 자신감을 갖고 준비하고 있는 것이다. 기회는 마치 자석과 같아서 준비된 사람의 손에 잡히는 법이다.

나는 다른 어느 것도 아닌 내 마음이 미래를 결정한다고 생각한다. 우리의 삶을 깊게 들여다보면 미래를 결정짓는 가장 중요한 요소는 우리가 내리는 선택들이다. 내가 어떻게 판단하고 무엇을 선택하느냐에 따라 내 삶의 결과값이 매겨지는데 그것을 결정하는 것은 다름 아닌 내 마음이다. 즉 마음이 움직이는 방향에 따라 내 미래가 결정되는 것이다.

마음은 씨앗과 같다는 말이 있다. 어떤 씨앗을 심었느냐에 따라 자라나는 식물이 다르듯 마음에 할 수 있다는 긍정적인 자신감을 품은 사람에게는 성장할 수 있는 기회가 주어지고 부정적인 생각을 품은 사람은 자기 스스로 만들어 낸 벽에 갇혀 고립될 수 있다.

자신감이 있다는 것은 할 수 있다는 낙관적인 마음을 품은 것이니 그런 사람은 어렵고 힘겨운 상황에서도 포기하는 것이 아니라 열정을 발휘하며 도전한다. 반면 두려움과 의심이 많은 사람은 안 될 이유만을 찾으며 아무것도 하지 않는다. 그러니 아무 일도 일어나지 않는 것이다.

생각해 보면 지금의 나는 과거의 내가 내린 선택들이 쌓여 만들어진 결과다. 과거 시점을 기준으로 보면 지금 이 순간은 미래였고 지금의 나는 과거의 내가 하루하루 내린 선택과 행동이 쌓여서 도달한 미래라고 할 수 있다. 그 선택과 행동을 이루는 기반 또는 근간은 오직 내 마음에 뿌리를 두고 있다. 내가 어떤 마인드를 가지고 세상을 바라보고, 무엇을 믿느냐에 따라 내가 추구하는 것이 결정되며 그것은 곧 내 행동을 이끌어 낸다. 그러면서 내가 무엇을 실천하느냐에 따라 나의 길이 만들어지는 것이다.

"미래에는 성공한 사업가가 되고 싶어요."

"지금보다 안정되고 편안해져 있었으면 좋겠어요."

내가 꿈꾸는 미래가 무엇이든 미래는 지금 내 마음이 어디로 향하고 그 마음을 기반으로 어떤 선택을 하느냐에 따라 결정된다. 즉 미래는 내 마음의 방향성이 만들어 낸 결과다.

무엇이라도 달성하고 싶은 목표가 있는 사람은 실패했을 때도 그 안에서 배울 점을 찾고, 스스로에 대한 믿음을 갖고 도전할 때만이 기회를 얻을 수 있다는 사실을 잘 알고 있다. 반면 스스로에 대한 믿음이 없는 사람은 한두 번의 실패에도 의기소침해지며 실패한 기억 속에 자신을 꽁꽁 묶어 놓는다.

한 치 앞도 모르는 게 인생이라는 말도 있지만 내가 오늘 어떤 생각을 하고 어떤 태도로 하루하루를 보내며 어떤 결정을 내리는지에 따라 미래가 결정된다는 사실을 이해하지 못할 사람은 없을 것이다. 내 마음에 무엇을 담고 그 마음을 밑천으로 무엇을 실천하느냐에 따라 우리의 꿈은 단순한 상상이 아니라 비전이 될 수 있다.

숨기든 숨기지 않든 사람은 누구나 인생을 살아가며 실패의 순간을 경험하고 그 기억에 얽매이느냐 얽매이지 않느냐를 선택해야 하는 순간을 마주한다. 그럴 때 나를 믿고 미래에 내가 이룰 수 있는 성취에 집중하는 사람은 원하는 삶을 만들어 갈 수 있다. 물론 그 과정이 쉽다는 뜻은 아니다. 하지만 단단한 자신감을 가진 사람에게 어려움은 단지 성장을 위한 과정일 뿐이다.

사람의 마음은 단순히 감정을 담는 그릇이 아니다. 마음은 나를 둘러싸고 있는 환경을 이루고 미래를 빚어 내는 도구다. 마음은 다른 어떤 조건보다도 그 힘이 너무 세서 내 손에 들린 이 도구를 어떻게 활용하느냐에 따라 미래에 가장 압도적인 영향력을 행사할 수 있다. 특히 이 마음이란 도구는 긍정적이고 열정적인 자세를 아주 좋아한다. 그런 마인드를 갖고 마음을 도구 삼아 활용할 때 마음의 방향성을 따라 내 미래는 활짝 열릴 것이다.

그러니 내 마음이 곧 미래라는 사실을 믿고 지금 이 순간이 과거가 될 미래를 기대하며 하루하루를 자신감을 갖고 살아가자. 이것은 단순히 듣기 좋은 이상 또는 판타지가 아니라 우리가 얼마든지 실천하고 활용할 수 있는 현실이다.

내가 중국어를 잘하는 건
공부를 못했기 때문이다

39세가 되던 해, 나는 11년 뒤인 50세까지 3개 국어를 할 줄 아는 멋진 아저씨가 되자는 목표를 세웠다. 사실 엄청나게 거창한 목적이 있어서 그런 생각을 한 건 아니었다. 앞에서도 이야기했지만 어떤 일을 할 때 목적은 없어도 되고 목표는 있어야 한다는 게 내 생각이다. 목적이 있다는 건 이루고 싶은 무엇인가가 있다는 의미인데 그것이 잘되지 않으면 그동안 내가 애쓰고 수고한 것까지 평가절하될 수 있다. 예를 들어 내가 중국어 자격증을 취득해 세계 무대에서 활동하겠다는 목표를 세웠다고 치자. 그 일이 잘되지 않으면 누군가는 중국어 공부를 한 것 자체가 별 쓸모없는 일이었다는 이야기를 할 수도 있다.

하지만 나는 그렇게 생각하지 않는다. 어딘가에 활용하겠다는 목적이 없어도 중국어 실력을 키운 것 자체로 충분히 의미가 있다고 본다. 반드시 특정한 목표를 이루는데 요긴하게 쓰여야 그 일이 가치가 있는 것은 아니다.

그래서 중국어 실력을 쌓는 것에 목표를 두고 2년 간 중국에 머물며 어학 실력을 쌓았다. 특히 현지에서 생활하며 몸으로 부딪히다 보니 더 몰입할 수 있었는데 그 결과 HSK 5급 자격증을 따는 데 성공했다. 사실 2년이면 그렇게까지 잘할 수 있는 시간은 아니다. 다만 중국어를 할 수밖에 없는 환경을 일부러 찾아다닌 덕분에 단기간 내에 제법 괜찮은 실력을 쌓을 수 있었다.

어떤 나라든 어학연수를 다녀온 사람은 알겠지만 세계 여러 나라에서 온 사람들이 모여 어학원에서 함께 공부한다. 내가 중국에 처음 갔을 때도 이미 40대가 넘었는데 그 나이까지 살면서 그런 경험은 난생 처음이었다. 정말 신세계로 다가왔고 그 생활이 너무 좋고 익숙해지다 보니 나중에는 한국 사람을 만나도 중국어로 이야기할 정도였다. 사실 다른 사람과 대화할 때가 아니더라도 혼자서 중국어로 말하는 습관을 들였고 그런 점이 큰 도움이 되었다. 보기에 따라서는 상당히 이상해 보였겠지만 아무래도 기본적으로 개그맨의 피가 있어서 뻔뻔해질 수 있었던 것 같다. 사실 지금도 그렇게 하길 정말 잘했다고 생각하는 게 남의 눈치 보지 않고 틀려도 거리낌 없이 일단 내뱉고 보는 습관이 자리를 잡으니 굉장히 빠른 시간 내에 회화 실력이 늘었다.

또 특별히 계기가 될 만한 사건도 있었다. 한국에 있을 때부터 알고 지내던 지인을 만나러 가는 길이었다. 택시를 탔는데 15분이면 갈 거리를 50분이 다 되도록 도착하지를 않아 이상하다는 생각을 하고 있었다. 지인도 전화를 걸어 왜 이렇게 안 오냐며 택시 기사를 바꿔 달라고 했다.

그러고는 몇 마디 나누더니 이렇게 말하는 것이었다.

"야, 그 택시 이상하다. 빨리 내려."

순간 전에 봤던 '공모자들'이란 영화의 한 장면이 머릿속에 벼락같이 떠올랐다. 나는 극도의 패닉 상태에 빠졌다.

'이대로 있다가는 큰일 나. 도망가야 해.'

겨우 정신을 차리고 돈을 앞좌석에 뿌리듯 내던진 뒤 그대로 택시에서 내려 반대쪽 차선으로 내달렸다. 무슨 수를 쓰든 그곳을 벗어나야 한다는 생각밖에 없었다. 그렇게 인생 최악의 위기일 수 있었던 상황에서 벗어난 뒤 6개월이 지났을 때 나는 택시 기사와 싸우고 있는 나를 발견했다. 수개월 만에 현지인과 벌이는 말싸움에서도 밀리지 않는 내공이 쌓인 것이다. 물론 장기 매매 조직원일지도 모르는 택시 기사를 만나지 않고 그 정도로 실력을 쌓을 만한 계기가 있었으면 더 좋았겠지만 어쨌든 중국에서의 생활은 여러모로 나를 더 단단하게 성장시킬 수 있는 계기가 되었다.

사실 언어 공부라는 것이 책상머리에 앉아 단어 외우고 문장만 열심히 쓴다고 다 되는 것은 아니다. 물론 그런 노력도 필요하지만 되든 안되든 몸으로 부딪히고 직접 소리 내어 말하는 습관을 들여야 진짜 외국어 실력을 쌓을 수 있다.

한 가지 TMI를 공개하자면 나는 학창 시절 53명 중 49등일 정도로 성적이 좋지 않았고 수능 점수는 200점 만점에 78점이었다. 그 정도면 그냥 공부를 안 한 거 아니냐고 하실 분도 있을 것 같은데 무조건 아니라고 말할 수는 없을 것 같다. 솔직히 나는 학과 공부에 그다지 흥미를 느끼지 못하는 학생이었고 성적을 올리기 위해 열심히 노력하는 타입도 아니었다.

하지만 그것이 곧 내가 배우는 것에 전혀 관심이 없다는 걸 의미하지는 않았다. 이후 의욕을 갖고 열심히 한 분야에서는 괜찮은 성적을 올렸고 그랬기 때문에 지금 나는 이렇게 말할 수 있다.

"내가 어느 쪽으로 소질이 있고 머리가 트여 있는지 그걸 찾느냐 못 찾느냐의 차이일 뿐 사람은 누구나 잘할 수 있는 일이 있다."

많은 사람들이 알고 있지만 우리나라는 아직까지도 학창 시절의 성적이 지능의 척도인 것으로 생각하는 풍조가 만연해 있다. 시험 점수나 학업 성적이 높을수록 똑똑하다고 평가하고 반대로 낮을수록 그렇지 않다고 단정 짓는 고정 관념이 뿌리 깊게 박혀 있는데 그 때문에 자기 소질이나 재능을 발견하지 못하는 경우도 있다. 특히 윗세대일수록 가능성보다는 출신 학교, 학벌 등으로 그 사람의 능력치를 예단해 버리는 경향이 짙게 남아 있다. 하지만 그렇지 않다는 걸 증명해 주는 사례 역시 굉장히 많으며 개인의 지능은 단순히 학창 시절 성적표로 규정될 수 없다. 인간의 능력은 무수히 많은 방식을 통해 발현되며 각자 다른 분야에서 얼마든지 빛을 발할 수 있다.

미국의 한 심리학자는 인간의 지능이 단순히 논리적·수학적 사고에 국한되지 않고 언어, 공간, 음악, 운동, 대인 관계, 내적 성찰 등의 영역으로 나뉜다고 보았다. 내 경우 언어 쪽으로 발달되었다는 생각을 한 적이 있다. 특히 말하기 영역에 특화된 것 같은데 사실 내가 중국어 회화를 잘하는 이유는 역설적이게도 공부를 잘하지 못했기 때문이다. 학교 공부에 익숙한 대다수의 사람들은 외국어로 이야기할 때 어순이 맞아야 입으로 나오는 반면 나는 머릿속에서 딱 맞춰지지 않아도 일단 입으로 내뱉으며 회화를 익혔다. 학창 시절 나쁜 성적이 내세울 일은 아니지만 때로는 학교에서 배우는 방식보다 더 실질적이고 유용한 방법도 있다는 사실을 알면 더 빠르게 의미 있는 성과를 올릴 수 있다.

연예계에서 활동하다 보니 예술적 감성이 뛰어난 사람들을 많이 보게 되는데, 그중에서 음악이나 미술 관련 재능은 학교에서 중점적으로 가르치는 것과는 전혀 다른 종류의 지능이다. 수능 성적이 나빠서 좋은 대학에 가지 못했다고 그 사람한테 예술적 재능이 없다고 단정할 수는 없다. 게다가 지금의 세상에서는 수학적·논리적 사고가 뛰어난 사람들 못지않게 예술적 감성이 뛰어난 사람들이 이루어 내는 성과들이 막대한 영향력을 발휘하고 있다.

대표적으로 수백 만의 구독자를 보유한 유튜버 또는 인스타 팔로워만 수십 만이 넘는 인플루언서가 명문대를 졸업해 대기업에 들어간 직장인보다 얼마든지 더 많은 수입을 올릴 수 있다. 이것은 자신이 잘할 수 있는 일을 꾸준히 그리고 치열하게 해 온 사람들이 더 큰 영향력을 발휘할 수 있다는 걸 보여 준다. 제도적으로 규정된 절차에서 뛰어난 성과를 내지 못했다고 자신의 가능성을 한정지을 필요는 없다.

그밖에 대인 관계와 관련된 지능이 있는데 나는 이것이 나이를 먹을

수록 더 중요하다고 생각한다. 사회생활을 해 본 사람이라면 누구나 알겠지만 인생을 살면서 인간관계보다 더 어려운 문제는 손에 꼽을 정도로 드물다. 그만큼 타인과의 관계에서 오는 어려움은 우리의 삶에 그리고 사회 전체적으로도 지대한 영향력을 발휘한다. 대인 관계 지능이 높은 사람일수록 소통과 협력에 능한데 이런 자질은 현대 사회에서 첨예한 갈등을 해소하고 평화를 가져오는 데 결정적인 역할을 한다. 좋은 예로 사람들의 마음을 이해하고 그들을 하나로 모을 줄 알았던 넬슨 만델라(Nelson Mandela)를 들 수 있다. 그는 탁월한 소통 능력으로 남아프리카 공화국의 평화를 이끌었고 그의 사회적 지능은 학문적인 성취와는 무관하다.

그렇다면 내가 어느 쪽으로 지능이 발달되어 있는지 쉽게 알 수 있는 방법이 있을까? 결론부터 말하면 얼마든지 알 수 있다. 사실 방법도 아주 간단한데 가령 내가 시간을 잊고 몰입할 수 있는 활동이 있거나 사람들이 칭찬하는 재능이 있다면 그것이 바로 내가 어느 쪽으로 자질을 갖고 있는지 알 수 있는 척도가 된다. 그게 아니더라도 나를 가장 행복하게 만드는 일만 떠올려도 내가 무엇을 잘할 수 있는지는 쉽게 알 수 있다.

흔한 말 같지만 사람은 누구나 자신만의 특별한 재능을 가지고 있다. 단지 우리가 자라 온 환경 그리고 이 사회가 단순히 '공부 잘하는 사람'을 똑똑하다고 오랫동안 규정했기 때문에 그 좁은 관점이 자신도 모르는 사이에 내재화되고 그 때문에 자기 재능을 발견하는 것이 늦어지고 있을 뿐이다.

학창 시절 성적이 좋지 않았다고 하더라도 누구나 재능 있는 분야가 있고 그것을 잘 찾아내면 얼마든지 만족스러운 삶을 누릴 수 있다. 인간은 성장 과정을 통해 고유의 재능을 발달시키며 그 재능은 오로지 학교 성적으로만 평가될 수 있는 성질의 것이 아니다. 자신의 강점을 발견하고 그것을 통해 세상에 기여할 방법을 찾는다면 누구나 원하는 삶을 살 수 있다.

우리가 지닌 재능의 가치는 단순히 시험 성적을 표기한 숫자에 의해서가 아니라 각자의 독창성과 노력으로 평가되어야 할 것이다. 그러므로 자기 안에 숨겨진 재능을 믿고 그것을 키워 나가되 세상의 잣대에 휘둘리지 말자.

외국어를 공부할 때 가장 중요한 것은 문법에 딱 들어맞는 정확한 문장을 구사하는 일이 아니라 어순이 맞지 않더라도 일단 입 밖으로 내뱉으며 몸으로 부딪히는 것이다. 이처럼 우리의 재능이 꽃피는 방식에도 여러 가지가 있으며 우리가 할 일은 내 안의 재능과 가능성을 믿고 꾸준히 강점을 개발하는 것이다.

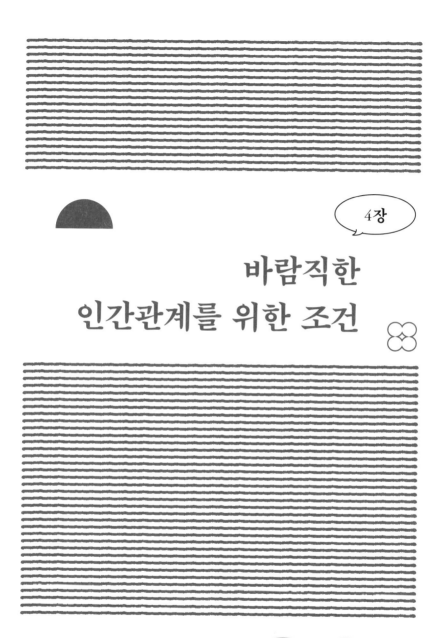

4장

바람직한
인간관계를 위한 조건

이 3가지는
꼭 해라

"이 3가지만 하면 크게 성공하지 못하더라도 최소한 굶어 죽지는 않을 겁니다."

나이를 먹을수록 무엇인가를 단정적으로 이야기하는 것이 점점 줄고 있지만, 단언할 수 있는 것이 한 가지 있다. 바로 '칭감들 효과'다.

칭감들은 '칭찬하고 감사하고 들어주자'의 줄임말로 이 3가지만 하면 사회생활하면서 굶어 죽을 일은 없다는 게 내 지론이다. 나를 칭찬해 주고 내 말을 잘 들어주는 사람한테 연락하고 같이 일하고 싶어지는 건 인지상정이다. 당연한 말이지만 세상은 혼자서 살아갈 수 없고 내가 의식하든 의식하지 못하든 주변의 많은 사람들의 도움이 있기에 내 삶 또한 유지되고 있다. 이것만 알고 감사할 줄 알아도 지금보다 삶의 질은 훨씬 좋아질 것이다.

지금은 이렇게 말하지만 나 역시 예전에는 들어주는 일을 잘하지 못했다. 뭐가 그렇게 할 말이 많았는지 혼자 얘기하느라 바빴는데 지금은 다른 사람과 대화하다가도 어느 순간 내가 너무 말을 많이 하고 있구나. 좀 듣자, 라는 생각을 할 수 있게 되었다. 그렇게 하다 보니 겸손하다는 이야기를 많이 듣는 편인데 사실 그렇게 하는 이유는 일을 더 많이 하고 싶기 때문이다. 이제는 다른 사람의 말을 잘 들어주고 칭찬해 주고 감사할 줄 알아야 나에게 더 많은 기회가 주어진다는 이치를 잘 이해하고 있다.

따지고 보면 이 3가지의 중요성은 초등학교 도덕 교과서만 봐도 알 수 있다. 서로의 장점을 칭찬해 주고 다른 사람의 호의에 감사할 줄 알며 나와 다른 의견도 경청할 줄 알아야 한다는 것은 어린 시절 교과서에서도 배우는 것들이다. 그런데 성인이 돼서도 한참 뒤에 그 가치를 아는 경우가 비일비재하다. 이 사람은 이래서 문제고 저 사람은 저래서 문제라는 식의 뒷담화가 칭찬하는 것보다 세상에 더 만연해 있기 때문이다.

그런데 누구라도 나에 대한 뒷담화를 하는 사람보다 칭찬해 주는 사람이 더 좋을 수밖에 없다. 사람은 누구나 자신이 가치 있는 존재로 인정받기를 원하고 그런 면에서 칭찬만큼 인정 욕구를 충족시켜 주는 강력한 도구는 없다. 설사 지나가는 말로 가볍게 하는 칭찬이라도 누군가 나를 칭찬하면 상대에 대해 호의가 생기기 마련이다. 하물며 정말 진심으로 하는 칭찬이라면? 개개인에 따라 다르겠지만 어떤 사람은 본인을 알아주는 이에게 말로 다할 수 없는 고마움을 느끼기도 한다. 만약 누군가가 내가 한 말에 무척 고마워하고 큰 용기를 얻었다고 상상해 보자. 특별히 무엇인가를 해 주지 않아도 그 사람에게 나는 아주 좋은 사람이 된다. 누군가에게 좋은 사람이 된다는 건 나에게 득이 되면 득이 됐지 해가 될 일은 아니다.

어떤 인간관계인지에 따라 다르겠지만 내 칭찬이 일종의 동기부여로 작용할 수도 있다. 만약 조직에서 관리자급 직책을 맡고 있다면 내가 하는 칭찬이 누군가에게 큰 동기로 작용할 가능성은 얼마든지 있다. 가령 한 직원이 창의적인 아이디어를 제안했을 때 임원이 칭찬을 하면 그 직원이 앞으로 더 많은 아이디어를 제시할 가능성이 높아진다. 이것은 심리학에서도 입증된 명제다.

비단 직장에서의 인간관계가 아니더라도 오랜 친구의 진심 어린 칭찬은 상대가 내 가치를 인정해 주고 있다는 것을 증명해 주는 일이기도 하다. 그 때문에 더 돈독한 신뢰 관계를 맺을 수 있으며 그런 선순환은 인간관계를 더 깊고 풍성하게 만든다.

칭찬이 이 정도의 효과를 낸다면 감사하는 마음은 어떨까? 내가 생각하는 감사하는 마음의 가장 큰 장점은 사람을 행복하게 해 준다는 점이다. 곰곰이 생각해 보면 내가 행복하다고 느꼈던 순간에 나에게는 항상 감사할 일이 있었다. 뉴진스님으로 무대에 서서 공연을 할 때 나는 많은 관객들의 환호를 받았고 그때마다 말할 수 없이 행복했다. 그것은 분명 내가 너무나도 감사해야 할 일이다.

많아야 한 달에 3~4개에 불과했던 행사 스케줄이 달력이 꽉 찰 만큼 잡혔을 때 나는 행복감을 느꼈고, 이 또한 내가 마땅히 감사해야 할 일이다. 혹시라도 내가 이 모든 것을 당연하다고 생각하거나 감사하는 마음이 없다면 단언하건데 뉴진스님에 대한 대중의 응원과 지지가 오래 가지 못할 거라고 생각한다. 아무리 순수한 관심과 사랑이라도 줄 가치가 없다고 느끼면 하루아침에 사라질 수 있는 법이다.

또 누군가가 내가 한 말 한마디에 감사하다는 생각을 했다면 그 역시 나에게 복이 되어 돌아올 가능성이 높다. 누구나 감사한 마음이 들 때 행복감을 느끼듯이 누군가가 나로 인해 감사하다는 생각을 한다면 그것은 곧 나와의 관계성 속에서 행복감을 느낀다는 뜻도 된다. 그럼 그 일 자체가 나에게도 감사한 일이기 때문에 서로 감사하는 마음을 나눌수록 행복은 배가된다는 결론에 이르게 된다. 이는 관계를 더욱 친밀하게 만들어 줄 뿐만 아니라 상호 신뢰와 존중하는 문화를 형성하는 데도 매우 유용하다.

경청 역시 마찬가지다. 누군가 내 말을 진지하고 성의 있게 들어준다면 나 역시 상대를 더 이해하고 공감대를 형성하고 싶은 마음을 갖게 되기 마련이다. 반면에 성의 없이 건성으로 듣고 있다면 불쾌감을 느끼는 것은 말할 것도 없거니와 아예 소통이 단절되는 상황이 벌어질 수도 있다.

최근 지인이 보내 준 짧은 글에 따르면 다른 사람과 대화하면서 상대방이 말할 때 내가 할 말을 생각하고 있다면 이제 꼰대가 되었다는 증거라고 한다. 참고로 요즘 MZ 세대들은 상대방의 말은 귓등으로도 듣지 않고 자기 할 말만 생각하다가 하고 싶은 얘기만 하는 꼰대들을 극도로 싫어한단다. 그러므로 권위주의에 쩔은 꼰대라는 소리를 듣고 싶지 않다면 경청은 선택이 아니라 필수다. 상대가 내 말을 집중해서 잘 들어주면 그에 대한 호감도가 올라가듯이 나 역시 다른 사람의 말을 경청해 줘야 나에 대한 상대방의 호감도도 올라가는 법이다.

그럼 단지 호감을 얻기 위해 경청하는 습관을 들여야 한다는 것일까? 경청하는 자세가 호감도 상승에 좋은 효과를 내는 것은 사실이지만 경청의 장점은 한 가지에 한정되지 않는다. 우선 다른 사람의 생각을 잘 듣다 보면 내가 미처 생각하지 못한 부분을 파악할 수도 있고 특히 상대가 무엇을 필요로 하는지 알아야 할 관계일수록 경청은 너무나도 중요하다. 듣지 않고도 상대가 무엇을 원하는지 안다는 판단은 오만일 가능성이 다분하다. 그러니 상대의 필요와 요구 사항을 아는 것이 중요한 경우라면 상대의 말을 경청하는 자세를 갖추는 것은 성공적인 인간관계를 원한다면 필수적이다.

물론 의뢰인과 고객 같은 관계가 아니더라도 나와 대화하는 상대의 말을 주의 깊게 경청하고 그의 생각과 선택을 존중해 주는 것은 상호 신뢰 관계를 구축하는 가장 빠른 방법이자 유용한 방법이다. 여기에 호감도 상승까지 더해지면 우리는 상대의 말을 잘 들어주는 것만으로 험난한 세상을 살아가며 서로 도울 수 있는 친구 한 명을 얻게 될 수도 있다. 혹여 그게 아니더라도 타인의 말을 경청하는 일 자체가 나를 더 나은 사람, 더 좋은 사람이 되게 해 주는 것은 분명하다.

사실 칭찬하고 감사하고 들어주는 태도가 없는 사회는 매우 불완전하고 불행할 수밖에 없다. 칭찬이 없다는 것은 그만큼 동기 부여가 덜

되고 있다는 뜻이며 그런 조직이나 사회는 발전할 수 없다. 또한 감사가 없다는 것은 타인에 대해 무관심하다는 것을 의미하며 그런 사회에서는 이기주의가 만연하는 것이 당연한 수순이다. 마지막으로 경청이 없다면 소통의 부재로 인한 지독한 후유증이 쌓이고 있다는 것을 의미하므로 이것은 오해와 갈등을 야기하는 데 가장 강력한 불씨가 될 것이 자명하다.

즉 한 마디로 요약하면 칭감들, 칭찬하고 감사하고 들어주라는 말은 상호 신뢰를 기반으로 하는 인간관계를 쌓아 나가라는 뜻이며 이것은 단순히 도덕적으로 살라는 의미가 아니다. 이 3가지의 면면을 자세히 들여다보면 그것은 결국 인간관계 및 사회 발전의 근간을 이루는 요소들이다. 그러므로 칭찬하고 감사하고 들어주는 행위는 나를 포함해 우리 모두를 발전시키는 일이며 사회가 보다 안정되고 긍정적으로 변화하는 길이기 때문에 최소한 굶어 죽지는 않을 거란 말로 압축해서 표현한 것이다.

어떤 변화든 작은 것에서부터 시작해서 큰 변화로 이어지는 법이다. 만약 칭찬에 인색하고 감사할 일이 없다고 생각하고 있으며 주변에 내 말을 들어주는 사람이 없다고 느끼고 있다면 이 글을 읽는 순간부터 억지로라도 '칭감들'을 해 보길 권한다. 그럼 어떤 노력과도 비견될 수 없을 정도로 단기간 내 당신의 삶은 180도 달라져 있을 것이다.

차라리
방치하는 게 낫다

"잔소리와 조언의 차이는 무엇일까요?"

"음…… 잔소리는 왠지 기분 나쁜데 충고는 더 기분 나빠요."

이 대화는 유퀴즈에 출연한 초등학생과 진행자의 대화 중 일부분을 발췌한 것이다. 어린 초등학생의 답변이 큰 화제가 되어 유튜브 쇼츠로 많이 돌아다니고 있는데 비록 아이가 한 말이지만 조언이나 충고에 대한 가장 명쾌한 정의라는 생각이 들었다.

드라마 '나의 해방일지'에도 조언과 관련된 문구가 등장한다. 해방클럽의 수칙으로 '조언하지 않는다. 충고하지 않는다'가 나오는데 이 말에도 깊이 공감이 됐다. 반 백 살이 다가오는 지금까지 살면서 지켜본 결과 조언이나 충고는 인간관계에 도움이 되기보다 악화시키는 경우가 많았다. '진심 어린 조언'이라는 해묵은 수식어가 있긴 하지만 나는 차라리 방치를 하는 것이 맞다고 생각한다. 물론 상대가 진심으로 조언을 구하면 그때는 이야기해도 되지만 좀 더 살았다고 이건 이렇게 해야 해, 라는 식의 태도는 굉장히 비논리적이고 오만한 것이다. 인생을 조금 더 살았기 때문에 조언을 해도 된다는 논리라면 우리는 세계에서 가장 오래 생존한 최고령 노인의 견해를 최우선에 두어야 한다. 하지만 그것은 세상 사람 누구에게 물어봐도 불합리하고 비논리적인 일이다.

그런데 우리는 왜 상대방에게 조언하려고 하는 것일까? 지금까지 판단한 바로는 뭔가 뚜렷한 목적을 가지고 조언을 한다기보다는 누군가가 자신의 문제에 대해 이야기할 때 거의 자동반사적으로 나오는 듯싶다. 그렇게 하다 보니 조언을 한다는 것 자체는 선의에서 비롯되었다고 생각할 수 있다. 하지만 나는 거기에 함정이 있다고 생각한다. 조언을 하다 보면 상대방의 문제를 해결하는 데 도움을 주고 싶다는 마음이 앞선 나머지 상대의 감정을 무시하는 결과를 초래할 수 있기 때문이다.

즉 상대가 자신의 문제에 대해 어떤 감정을 가지고 있는지 제대로 이해하지 못한 상태에서 섣부른 조언을 할 경우 상대의 감정을 존중하지 않는 것으로 비화될 수 있다. 그렇게 되면 시작은 선의에서 비롯되었을지언정 결과는 그렇지 못한 방향으로 흐르기 쉽다.

또 아무리 조심스럽게 말을 하더라도 제3자라는 이유로 내가 더 객관적이고 합리적이라는 뉘앙스를 풍길 수 있는데 이것은 상대에게는 우월감으로 비춰질 소지가 있다. 이런 경우 십중팔구 불쾌감을 유발하기 쉬울 뿐더러 상대의 마음을 충분히 이해하거나 공감하지 못한 상태에서 내가 보는 관점이 더 정확하다는 식의 조언이 된다. 따라서 조언은

4장 ✿ 바람직한 인간관계를 위한 조건

아무리 신중하게 한다고 하더라도 순기능보다는 역효과를 낼 위험성이 크다.

상대 입장에서도 조언은 실질적으로 도움이 된다기보다 기분만 상하게 할 소지가 다분하다. 현재 고민하고 있는 문제를 타인과 이야기하다 보면 듣고 싶은 말이 생기는 경우가 왕왕 있다. 그럴 때 상대가 나의 기대나 필요와 무관한 이야기만 장황하게 늘어놓으면 고민과는 별개로 그 상황 자체가 부담스러워지기 십상이다. 심지어 거기서 그치지 않고 정도가 심해지면 불필요한 갈등 상황으로까지 이어질 수 있다. 따라서 이 부분에 대한 깊이 있고 현명한 이해가 전제되지 않는다면 차라리 조언을 하지 않는 편이 인간관계 유지에 더 도움이 된다.

그렇다면 어쭙잖은 조언은 하지 않되 고민을 털어놓는 상대와 대화를 이끌어 가는 방법에는 무엇이 있을까? 사실 좋은 관계를 오랫동안 유지하려면 깊은 고민 없이 입에서 나오는 설익은 조언보다 대화의 기술을 갖추는 것이 훨씬 중요하다.

가령 상대가 고민을 털어놓으면 어떻게 하라는 식으로 결론을 내려 줄 것이 아니라 그 상황에서 자신이 가장 원하는 것이 무엇인지 유도 질문을 하며 상대가 스스로 답을 찾도록 돕는 것이 좋은 방법이다. 또 네가 생각하기에 문제를 해결하는데 가장 좋은 방법은 무엇이라고 생각하느냐 정도의 질문도 스스로 답을 찾게 하는 데 유용하게 활용할 수 있다.

여기서 한 가지 더 알아 두면 좋은 것은 설사 고민을 털어놓는다고 해도 상대는 문제를 해결하고 싶어서 이야기하는 것이 아니라 단지 자신의 감정을 표현하고 싶어 말을 꺼냈을 수도 있다는 점이다. 그럴 때는 상대의 감정에 충분히 공감해 주며 인정해 주는 것만으로도 상대는 큰 위로를 받는다. 이것은 상대가 공감을 원할 때는 섣불리 조언하지 않는 편이 바람직하다는 것을 의미한다. 그럼 오히려 조언이 독이 되는 상황에는 어떤 것들이 있을까?

상식적인 차원에서 생각해 보면 내가 잘 모르는 분야에 대해서는 불필요한 말을 얹지 않은 것이 상책이다. 나의 지식이나 경험이 부족한 문제에 대해 어설픈 조언을 했다가는 상황을 악화시킬 수 있는 만큼 그런 경우에는 말을 아끼는 것이 훨씬 현명하고 지혜로운 자세다.

또한 상대가 이미 결정을 내린 상태에서 이야기를 했다면 그것은 자신의 선택에 대해 존중받고 지지받고 싶다는 의도가 포함된 것이다. 그러므로 조언이라는 이름으로 자신의 견해를 말하기보다는 상대의 선택을 존중하고 지지해 주는 것이 좋은 인간관계를 유지하기에 훨씬 유용하다.

사실 조언은 함부로 하는 게 아니며 이는 사전적 의미에도 들어가 있다. 사전에서 조언의 뜻을 찾아보면 말로 거들거나 깨우쳐 주어서 도와준다로 정의되어 있다. 여기서 중요한 부분은 '깨우쳐 주다'이다. 누군가를 깨우쳐 준다는 행위에는 상대는 잘 모르고 나는 잘 알고 있다는 뜻이 전제되어 있다. 그런데 우리가 조언을 할 때, 남을 깨우쳐 줄 만큼 그 문제에 대해 잘 아는 경우가 얼마나 될까? 대부분의 경우 그렇지 않을 거라는 게 내 생각이다. 즉 충분히 잘 알지 못하는 상태에서 남을 깨우치겠다고 섣불리 조언하는 경우가 많다는 것인데 그건 타인에 대한 존중도 겸손함도 없는 오만한 참견이다. 그보다는 상대의 말을 경청하고 상대가 필요로 하는 것이 무엇인지 스스로 깨달을 시간을 주는 것이 좋다.

때로 조언은 필요하지만 대부분의 경우 상대방이 정말로 원하는 것은 문제를 해결할 방법이 아니라, 자신이 존중받고 이해받는다는 느낌이다. 그러므로 자신이 아주 잘 아는 문제가 아닌 이상 최대한 조언을 삼가고, 대신 경청, 공감, 진정한 지지를 통해 더 나은 관계를 만들어 나가는 것이 우리가 할 수 있는 최선이 아닐까 싶다.

아프기 싫다면
기대치를 줄여라

"기대가 큰 만큼 아픔도 크다."

영화에 나온 대사인데 나는 이 말을 굉장히 좋아한다. 기대가 실망으로 바뀌었을 때 기대한 만큼 아픈 것은 누구나 한 번쯤 겪는 일이다. 그래서 나는 애당초 기대를 하지 않는 것이 현명하다고 생각한다. TV 프로그램에 출연해도 웬만해서는 집에 얘기하지 않았던 이유도 그 때문이다. 행여 편집이라도 되면 나 혼자 속상하면 됐지 가족들까지 실망하게 만들고 싶지 않았다. 그러고 보면 어쩌면 기대를 크게 하지 않으려는 것도 나를 보호하려는 심리일 수 있다. 기대가 큰 만큼 아픈 법이니 아프기 싫으면 기대치를 줄이라고 내가 나를 설득한 건지도 모르겠다.

사실 기대하는 마음 자체는 인간인 이상 갖게 되는 본능에 가깝다. 기대라는 많은 희망과도 맞닿아 있기 때문에 우리가 살아가는 데 있어 때로는 원동력이 될 수 있다. 하지만 기대가 꺾이면 희망을 잃은 것 같은 상실감을 느낄 수도 있고 기대치가 너무 높으면 그 자체로 고통이 되기도 한다. 특히 단순히 마음의 상처로 끝나는 것이 아니라 정신적·심리적 문제로까지 이어지면 스트레스로 인해 신체적 문제까지 생길 수 있다. 너무 비화시키는 게 아닌가 싶은 분들도 있겠지만 화병이라고 표현하면 와 닿는 분들이 많을 것이다. 큰 기대를 갖고 추진하다가 난관에 봉착해 결국 무산되고 말았을 때 사람은 누구나 실망감을 느끼고 그것이 과해진 나머지 화병까지 얻는 경우를 우리는 심심치 않게 볼 수 있다.

그렇다고 내가 화병이 날 만큼 큰 기대를 했다가 실망감을 느껴 본 적이 있다는 얘기는 아니다. 다만 나는 가급적 기대하는 마음을 갖지 않는 편이 좋다고 생각한다. 그런 생각을 하는 이유는 기대와 현실 사이에는 극복하기 어려운 간극이 있다는 사실을 잘 알기 때문이다.

기대의 본질은 우리가 마음에서 만들어 낸 가상 세계에 기준을 두고 있다. 문제는 우리가 자신이 만들어 낸 기준을 현실보다 우위에 둘 때 발생한다. 현실은 예측할 수 없는 변수로 가득한데 내가 만들어 낸 기준만을 고집하다 바라는 만큼 결과가 나오지 않으면 실망감을 느끼며 힘들어 한다.

기대는 기대일 뿐 늘 현실이 될 수 없다는 사실을 알 만한 나이가 되어서도 많은 사람들이 스스로 만든 기대에서 좀처럼 벗어나지 못하곤 한다. 가령 직장에서의 승진, 연인과의 관계 등에서 일정한 기준을 세운 뒤 그에 미치지 못하면 심리적으로 흔들리는 모습을 보인다. 그 정도로 취약한 상태가 되면 우리에게 기대는 더는 희망이 아니라 고통의 씨앗이 될 수 있다.

　물론 기대를 아예 하지 말라는 말은 아니다. 아무런 기대 없는 삶이 얼마나 삭막한지는 누구나 알고 있다. 다만 기대치를 현실에 맞게 유연하게 조정할 필요가 있다는 얘기다. 기대가 크다는 것은 현실이 만족스럽지 못하다는 것과 동의어다. 그나마 내가 바꿀 수 있는 것에 대해 기대를 품는 것은 양반이다. 우리는 종종 통제할 수 없는, 우리 손에서 벗어난 것들에 기대를 품고 뜻대로 되지 않으면 괴로워한다. 다른 사람이 내가 기대한 대로 행동하기를 바라거나 상황이 바뀌는 등의 변화는 내 역량을 벗어난 일이다. 그런 부분에 내 기준대로 설정한 기대를 품게 되면 바라는 대로 이루어질 확률보다 그렇지 않을 확률이 압도적으로 높다. 그런 이웃 때문에 내가 바꿀 수 있는 것과 그렇지 않은 것을 구분해 기대치를 조율하는 과정이 필요하다. 만약 바꿀 수 없는 부분에 대해 과한 기대를 품고 있다면 그것이야 말로 괴로움의 씨앗을 심는 일이라는 사실을 깨달을 필요가 있다.

　앞에서도 말했지만 나는 최대한 기대하지 않는 것을 선호하는 편이고 주변에서 기대하는 마음을 품는 것도 경계한다. 자칫 기대가 집착으로 변질되면 나뿐만 아니라 주변 사람들까지 옭아맬 수 있기 때문이다. 솔직히 기대치를 낮추는 게 그렇게 어렵거나 슬픈 일은 아니다. 무엇인가에 크게 기대하지 않아도 나는 감사한 하루하루를 보내고 있고 오히려 기대하는 마음이 크지 않기 때문에 작은 일도 기뻐할 수 있게 되었다. 삶에 대한 기대가 내 그릇보다 크면 웬만한 일 아니고서는 즐거워하거나 흥미를 느끼기 어려울 수 있다. 하지만 기대치가 낮으면 사소하다면 사소한 일상에서도 행복감과 만족감을 느낄 여지가 많아진다.

반면에 현실이 기대에 부흥하지 못할 때 단순히 아쉬운 것을 넘어 깊은 좌절감을 느끼는 사람도 있다. 그런 경우 자신감과 의욕이 점점 떨어지거나 심하면 우울감이나 무기력증에 빠지기도 한다.

"답이 없어."

"암담해."

"나만 되는 일이 없어."

기대했던 대로 되지 않았다고 우울증까지 걸리겠냐고 하는 분들이 있다면 그분은 아주 건강한 자아를 가지고 있다고 봐도 된다. 하지만 그렇지 못한 분들도 많은 것이 우리가 사는 세상이다. 심지어 높은 기대치를 설정해 놓고 그 기대가 꺾이면 남들은 다 누리는 데 나만 안 된다는 피해의식까지 갖는 경우도 있다.

삶의 어느 시기를 지나고 있든 인생은 늘 우리가 바라는 대로만 흘러가기는 어렵다. 이것은 나이가 많든 적든 남자든 여자든 누구에게나 통용되는 진리와도 같다. 그런데도 현실과 이상 사이의 간극을 인정하고 받아들이는 데 필요한 여유가 부족한 사람들은 기대치가 충족되지 않을 때마다 부정적이고 비관적인 관념을 뇌리에 새기기도 한다.

어떤 상황에서 큰 기대를 하는 것은 생각보다 더 심각한 후유증을 야기할 수 있다. 기대가 크다는 말은 그만큼 자신의 시간과 노력 등을 투자했다는 것을 의미한다. 그런데 기대치를 충족하지 못하고 좌절하면 자신의 노력이 헛된 것이었다는 생각에 자존감마저 하락할 수 있다. 특히 자기 비난으로까지 이어질 수 있기 때문에 큰 기대를 품고 있다가 좌절해서 힘들어 본 경험이 있다면 스스로 세운 기대치를 조정하는 일을 고려할 필요가 있다.

어쩌면 이 책을 읽는 독자 분들 중에는 요즘 뉴진스님으로 잘 나가고 있는데 너무 억누르려는 것 같다는 생각을 하시는 분이 계실 수도 있겠다. 또 실망감 또는 좌절감을 느낄 때를 대비해 일종의 마음의 준비를 좀 과하게 하고 있는 건 아닌가, 싶을 것 같기도 하다. 솔직히 말하면 그렇게 생각해도 전혀 틀리다고는 할 수 없다. 나는 세상 모든 것은 변하고 좋은 일이 있으면 나쁜 일도 같이 온다고 생각하기 때문에 어떤 식으로든 내 마음이 아프거나 아니면 최소한 마음에 들지 않는 일이 벌어질 거라 생각하고 있다.

하지만 너무 큰 기대를 하고 있지 않으면 기대치를 낮춘 만큼 덜 아플 거라고 생각한다.

'계속 모든 일이 잘되기만을 바라는 건 욕심이야. 이 정도로 잘된 것만 해도 어딘데 감사하자.'

기대하는 마음을 크게 갖지 않으면 더 많이 감사할 수 있고 성취감과 만족감도 더 커질 수 있다. 그러니 무엇인가를 더 누리고 싶다는 기대를 품기보다 지금 나에게 주어진 것에 감사하자. 그것이 긍정적인 생각으로 이어져 오히려 내 기대치를 채워 주는 결과를 만들어 줄지도 모르니까.

아무것도 바라지 않아야
얻을 수 있다

　사람에 따라 다르겠지만 나이를 먹다 보면 주변을 컨트롤하려는 사람들이 있다. 마치 오케스트라 지휘자처럼 자기 의도대로 주변 사람들이 움직여 주길 바라는 사람을 살다 보면 만날 때가 있다.

　내 의도대로 타인을 움직인다는 것은 쉬운 일이 아니다. 그래서 다른 사람을 자기 뜻대로 컨트롤하려는 사람은 나름 동동거리며 애를 쓴다. 그런데 노력한다고 해서 타인을 내 뜻대로 움직이는 일이 쉬울까? 당연히 쉽지 않다. 더구나 인간관계에서 가장 중요한 신뢰, 소통, 유대감은 상대를 내 입맛대로 좌지우지하려고 해서는 절대 얻을 수 없다. 사실 좋은 인간관계를 원한다면 오히려 상대에게 아무것도 바라지 않아야 한다.

　인간관계란 본질적으로 상호 작용과 교감의 과정이다. 하지만 상대에 대한 지나친 기대는 관계를 무겁게 하고 때로는 상처를 남기기도 한다. 어느 정도가 지나친 것이냐에 대한 부분도 사실 내가 기준이 되어서는 안 된다. 상대의 입장에서 헤아리며 적정선을 유지할 줄 아는 자세가 중요하다.

개인적으로 인간관계에서 조심해야 할 것 중 하나가 조건부 신뢰 관계라고 생각한다. 예를 들어 내가 하자는 대로 하면 너를 믿을게, 식의 신뢰는 아주 높은 확률로 깨지기 쉽다. 반대로 상대를 있는 그대로 존중하고 아무것도 바라지 않는 마음은 타인을 대하는 태도에도 여유를 갖게 한다. 상대 입장에서 그것은 부담이 없다는 것을 의미한다. 즉 신경쓰고 이해득실을 계산하는 등의 과정이 없기 때문에 자신의 이야기를 털어놓을 수 있게 되고 결과적으로 더 깊은 신뢰 관계로 이어질 수 있다.

많은 사람들이 인간관계에서 신뢰가 중요하다고 강조하는데 그것은 모든 관계의 기반을 이루는 것이 신뢰이기 때문이다. 서로에 대한 믿음 없이는 관계를 안정적으로 유지하기가 어렵고 그만큼 의심, 불안, 오해가 쌓이기 때문에 신뢰 형성은 인간관계에 있어서 아주 중요하다.

특히 내 경우 인간관계 덕분에 어려운 시절을 버틸 수 있었고 새로운 기회를 잡을 수 있었다. 그래서 사람들과의 유대 관계를 특히 중요하게 생각한다. 생각해 보면 주변 사람들의 도움을 받을 수 있었던 가장 큰 이유는 그들이 나를 신뢰해 주었기 때문이다. 그래서 나를 믿어 준 것에 대한 고마움도 크게 가지고 있다.

당연한 말이지만 나뿐만 아니라 모든 사람들 간의 인간관계에서도 신뢰는 아주 중요하다. 신뢰가 없으면 소통도 어렵고 그런 관계에서는 서로 잡아 주고 끌어 주는 데 필요한 유대감이 자리 잡기 어렵다. 그만큼 신뢰와 소통은 인간관계를 이루는 가장 중요한 두 축이다.

우리가 누군가와 친분을 쌓을 때 신뢰와 소통을 중요시해야 할 이유는 차고도 넘친다. 상식적으로 생각해 봐도 신뢰가 없다면 상대에게 솔직해지지 못하기 쉽다. 그런 관계가 얼마나 지속성을 가질 수 있을까? 나는 오래가기 어렵다고 확신한다.

'요즘 같은 세상에서 누굴 믿어?'

신뢰에 대해 너무 강조하다 보면 반작용으로 이런 생각을 하는 분도 계실 것 같다. 그래서 집고 넘어가자면 타인을 신뢰하지 못하는 경우도 분명 존재한다. 어쩌면 누군가를 믿기보다 의심하는 것이 더 당연하다고 생각할 수도 있다.

남을 신뢰하지 못하는 데는 여러 가지 이유가 있지만 본질적인 부분을 생각해 보면 인간관계의 불확실성 때문이 아닐까 싶다. 사람은 누구나 다른 성격, 다른 가치관을 가지고 있고 그것은 타인의 행동을 예측하기 어렵게 한다. 그래서 다른 사람을 믿는 것이 쉽지 않다. 또한 신뢰는 본질적으로 배신의 가능성을 수반하고 있기 때문에 '상처받는 것'이 두려운 사람들은 좀처럼 다른 사람을 신뢰하지 못한다.

그런데 여기서 한 가지 생각해 볼 것이 있다. 상대가 어떻게 변할지 알 수 없기 때문에 신뢰할 수 없다, 라고 하면 우리는 누구도 믿지 못하고 어떤 관계에서도 확신을 가질 수 없다. 인간관계의 불확실성은 개개인이 각자 다른 배경에서 다른 경험을 하며 성장했고 그래서 서로 다른 성격과 가치관을 갖기 때문에 어떤 행동을 할지 알 수 없는 데서 비롯된다. 그런데 이것은 어쩔 수 없는 영역이다. 나와 모든 면에서 똑같은 사람은 세상에 존재하지 않는다. 그러므로 타인이 나와 다르기 때문에 파생되는 불확실성이 신뢰할 수 없는 이유가 될 순 없다. 또한 그래서 중요한 것이 소통이다. 나와 타인이 다르다는 점을 인정하고 무엇이 다른지를 파악하고 맞춰 나가면 거기서부터 신뢰가 쌓이기 시작한다. 그렇기에 원활한 소통은 신뢰 구축에 있어 너무나 중요하다.

인간관계에서 소통은 단순히 대화를 주고받는 행위 자체를 말하는 게 아니라 서로를 이해하고 알아 가기 위한 핵심적인 도구다. 다만 오해하면 안 되는 것이 상대가 말하지 않는 부분까지 굳이 알려고 할 필요는 없다는 점이다. 개인적으로 주변의 누군가가 고충이나 어려움에 대해 이야기하면 잘 들어주고 공감해 주는 편이나 내가 먼저 다른 사람의 프라이버시에 대해 관심을 갖는 타입은 아니다. 그렇게 해도 신뢰 형성을 위한 소통에는 아무 문제가 없다는 게 내 생각이다. 다른 사람이 하는 말을 경청해 주고 공감해 주는 것만으로도 얼마든지 상호 간 신뢰를 쌓을 수 있다.

사회생활을 하다 보면 유독 말이 잘 통하는 사람을 만날 때가 있다. 사실 단순히 말이나 글로 내 의사를 전달하는 것을 진정한 소통이라고 보기는 어렵다. 서로의 생각을 존중하고 공감하며 마음을 주고받을 때 진짜 소통이 이뤄진다. 그러다 보면 상대와 끈끈한 유대감을 갖게 되는데 나이를 먹을수록 그 가치를 실감하는 것이 바로 유대의 힘이다.

누군가와 유대감을 기반으로 한 관계를 형성할 때 우리는 서로의 부

119

4장 ❀ 바람직한 인간관계를 위한 조건

족함을 채우며 함께 성장하는 관계가 될 수 있다. 물론 인간관계를 통해 뭔가를 성취해야 되고 성과를 내야 하는 것은 아니다. 하지만 내가 미처 알지 못했던 부분들을 알게 되거나 바람직한 방향으로 인식의 전환이 이루어지는 등 건강한 유대 관계 속에서 우리는 한층 더 성숙해질 수 있는 기회를 얻기도 한다.

반면 이해득실을 따져 가며 인간관계를 구축하는 사람들도 있다. 그들은 인맥이 곧 힘이라고 생각하며 사람을 만날 때 나에게 얼마만큼 도움이 되는지를 최우선으로 고려한다. 그런 인간관계에는 기저에 '계산하는 마음'이 깔려 있다. 가령 업무상 친해지면 좋은 사람과는 친분을 쌓고 딱히 도움이 되지 않으면 점점 소원해지는 것은 인간관계를 두고 계산기를 두드리기 때문이다. 사실 이 정도는 자연스러운 흐름이라고 생각하는 사람들도 많다. 또 어떻게 보면 이러한 관계성이 세태로 굳어진 측면도 있다.

다만 살아가면서 다분히 계산된 인간관계만 맺는다면 그것만큼 삶을 공허하게 만드는 일도 없지 않을까? 많은 말을 하지 않아도 내 마음을 알아주고 내 생각에 공감해 주면서 나에게 바라는 것이 아무것도 없는 사람이 있다면 그 사람은 당신이 가장 신뢰할 수 있는 사람이다. 그러므로 나 역시 신뢰받는 사람이고 싶다면 바라는 것 없이 공감하고 소통해 주자. 그러면 신뢰가 기반이 된 돈독한 유대 관계를 쌓을 수 있을 것이다.

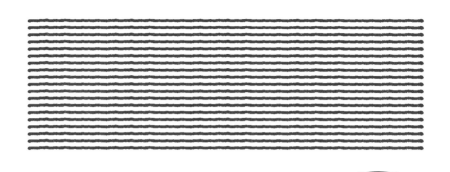

날 불러 준
부처님께 감사

뉴진스님
탄생 비화

　요즘은 PC가 정말 많은 것들을 대신하지만 80년대만 해도 아이들이 있는 집에는 한두 가지 전집 정도는 대부분 다 있었다. 지금도 전집 전문 중고 사이트들을 뒤져 보면 어릴 때 읽었던 전집들을 판매하는 모습을 볼 수 있는데 뉴진스님이 사람들의 관심을 받기 시작하면서 불현듯 초등학교 때 읽었던 위인 전집이 생각났다. 그중에 석가모니와 원효대사가 있었는데 인상적인 몇몇 구절과 삽화는 지금도 꽤 선명하게 기억이 난다. 그때는 내가 큰 스님에게 정식으로 법명까지 받을 거라고는 꿈에도 생각하지 못해서 그 시절을 생각하면 지금 내 나이와 어울리지(?) 않게 격세지감까지 느낀다.

　사실 나는 5월에 연등회를 한다는 사실조차 잘 모를 정도로 불교 행사에 별로 관심이 없었다. 그러다가 친한 동생이자 불교신문 홍보 대사인 배드보스의 제안으로 나도 홍보 대사를 하게 되었다. 이후 그 인연으로 연등회 사회를 봐 달라는 제안까지 들어왔다.

"형이 DJ를 할 줄 아니까 사회를 봐 줬으면 좋겠어."

그것이 계기가 되어 연등회에서 디제잉을 하게 되었는데 솔직히 준비할 때까지만 해도 그냥 돈 버는 일이라고만 생각했다. 더 자세히 말하면 연등회 이후 두 번 더 동국대 행사 사회를 봤는데 그때도 정말 아무 생각이 없었다. 지금이야 지나갔으니 어떻게 뉴진스님이 탄생했는지 맥락이 잡히지만 그 시기에는 그게 어떤 기회가 될지 감도 잡지 못했다. 그래서 위기가 기회가 될 때는 가능한 '기대'를 하지 않는 편이 좋겠다는 생각도 했다. 기대치가 생기는 순간 빛과 그림자처럼 실망할 가능성도 같이 생기겠다 싶어서.

어쨌든 불교신문 홍보 대사를 계기로 연등회 등의 불교 행사에서 사회를 볼 기회가 있었고 그때 예전에 배워 두었던 디제잉을 선보였다. 당시 불교 행사다 보니 승복 같아 보이는 한복을 입고 행사를 진행했고 연등회 마지막에 디제잉을 했는데 사실 거의 4~5년 만에 공연을 한 것이었다. 그래도 현장 반응이 좋아서 잘 치렀구나 하고 넘어갔는데 그 뒤 이틀이 채 되지 않아 유튜브에 행사 영상이 돌기 시작했다. 그리고 그것이 시작이었다.

'불교 나 빼놓고 또 재밌는 거 하네.'

승복을 입고 디제잉을 해서 그런지 행사 영상을 올린 사람은 내가 진짜 스님이라고 생각했던 것 같다. 불교 나 빼놓고 또 재밌는 거 하네, 라는 제목으로 올린 영상이 여기저기 공유되면서 조회 수가 몇 백만이 터지는 믿기지 않은 일이 일어났고 그때 내가 제일 먼저 생각한 것은 이거였다.

'내 영상인데 나도 조회 수 좀 올려 보자.'

그때만 해도 이런 마음으로 서둘러 영상을 편집해 올렸고 내 채널에 올린 것도 조회 수가 무려 200만이 터졌다. 이것이 과연 알고리즘 신(?)의 선택을 받은 것인가 싶어 감격하던 것도 잠시 나는 안 되겠다, 이걸로 캐릭터를 만들어야겠다는 생각을 했다.

처음에는 날 일(日)자와 나아갈 진(進)을 써서 일진스님이라는 이름을 만들었다. 그런데 일진스님으로 활동한 지 얼마 지나지 않아 넷플릭스 드라마 〈더 글로리〉가 공전의 히트를 치면서 학폭 관련 기사가 쏟아지기 시작했다. 당연히 한자는 다르지만 일진이라는 단어 자체가 연상되는 이미지가 있어 결국 이름을 바꾸기로 했다. 그렇게 해서 다시 지은 이름이 새롭게(New) 나아가다는 뜻을 지닌 뉴진스님이다.

사실 그때만 해도 오랜만에 인지도 있는 부캐 하나가 더 생긴 거라고 생각했다. 그 뒤 MBC에서 사찰을 배경으로 DJ를 하는 씬에 출연해 달라는 요청이 들어왔고 뒤이어 라디오스타에서도 섭외가 들어왔다. 예능에 출연하면 보통 한 달쯤 뒤에 방송이 되므로 8월에 라디오스타가 방송되었는데 그것이 계기가 되어 사람들에게 뉴진스님이 좀 더 알려지게 되었다. 그리고 한 달쯤 뒤 10월에 포항에서 행사가 잡혀 할머니들과 스님들 앞에서 디제잉을 했다. 당시는 초창기라 뉴진스님과 빡구 두 가지 콘셉트를 잡아 행사를 뛰었는데 뉴진스님을 할 때는 호응이 있다가 옷을 갈아입고 빡구로 무대에 오르니 관객들이 나가는 모습이 눈에 들어 왔다.

'망했다.'

그 순간 민망함과 당황스러움에 무대 위에서 어떻게 하고 내려왔는지 잘 기억이 나지 않는다. 오랜만에 예능 프로그램에도 출연하고 행사도 들어와 이제 좀 숨통이 트이려나 싶었는데 관객 반응이 시원치 않으니 역시나 쉽게 풀리지는 않으려나 보다, 싶은 생각도 들었다.

사실 그런 상황에서는 우리나 섭외한 쪽이나 서로 뻘쭘하기 때문에 서둘러 인사를 하고 헤어지는 게 보통이다. 그날 역시 수고하셨다는 형식적인 말만 나누고 마무리가 되었는데 삶은 정말 예측불허라는 말이 맞는 것 같다. 그날 행사한 영상이 해외에서 돌기 시작하더니 어느 순간 바람을 타고 대박이 나기 시작했다. 지금 생각해도 참 희한한 것이 망했다고 생각했던 그 행사 영상이 우리나라도 아니고 해외에서 반응이 터지면서 생각하지도 못했던 해외 활동으로 이어졌다. 2023년 11월, 12월이 지나고 해가 바뀌어 2024년이 되는 동안 타이완 등의 국가에서 조금씩 연락이 오기 시작했는데 솔직히 말하면 처음에는 누군가 고약한 장난을 치는 줄 알았다. 국내에서 떠들썩하게 대박이 난 행사도 아니고 오히려 망했다고 생각한 행사 영상을 보고 섭외를 한다고? 무턱대고 덥석 받을 일이 아니겠다 싶어 답장도 하지 않았는데 웬걸 두 번 세 번 계속 연락이 오는 것이었다. 이렇게까지 집요하게 연락하는데 혹시 진짜인가 싶어 한 군데씩 연락하기 시작했고 그것이 해외 활동의 시작이었다.

5장 ❀ 날 불러 준 부처님께 감사

"그때 이후로 4월 불교박람회 행사 전까지 국내는 신경도 못 쓰고 해외에서 활동했어요."

TV 예능 프로그램이나 유튜브 채널에 출연해 뉴진스님에 대한 스토리를 이야기할 때마다 해외 활동이 어떻게 시작됐는지 이야기하는데 당시 국내에서 불교바람회 행사가 열리기 전까지 타이완, 홍콩, 말레이시아, 자카르타 등에서 섭외가 계속 들어왔다. 특히 타이완에서는 아이돌 공연을 보는 듯한 반응을 보여 주어 무대 자체가 완전히 폭발할 정도로 달아올랐다. 경력이 얼만데 그런 소리를 하느냐는 분들도 계시겠지만 그 순간을 생각하면 지금도 꿈을 꾼 것처럼 가슴이 벅차오른다. 사실 개그맨 때는 여러 명과 함께 코너를 선보이는 거라 단독으로 무대를 누비는 뉴진스님과는 느낌이 많이 다르다. 물론 양쪽 다 소중하고 감사한 기회이지만 뉴진스님의 경우 그 정도의 호응은 꿈에서도 상상하지 못했던 터라 감회가 더 남다르다.

하지만 이런 일이 일어날 수 있는 개연성은 차곡차곡 쌓여 왔던 것 같다. 돌이켜 보면 10년 전부터 DJ를 해 온 것이 나에게 너무 큰 복이 되어 돌아왔다. 그때도 생계를 위해 디제잉을 배운 거긴 하지만 만약 내가 준비가 되어 있지 않았다면 이 기회 역시 잡을 수 없었을 것이다. 또 무대에서의 내공과 콘텐츠가 준비되어 있지 않았다면 잠깐 반짝하다가 금세 밑천이 드러나고 말았을 것이 자명하다. 미리 치밀하게 계획을 세워 놓은 것은 아니었지만 어쨌든 개그맨으로 20년 넘게 활동하며 관객들을 아우르는 내공을 쌓았고 그 뒤에도 한 우물만 계속 파다보니 결국 때가 무르익어 빛을 보게 된 것이 아닌가 싶다.

우리나라뿐만 아니라 전 세계적으로도 이른 나이에 성공하는 것을 지나치게 추구하는 경향이 있는데 뒤늦게 꽃피는 일명 '레이트 블루머 (Late Bloomers)'들의 성취가 어떤 측면에서는 개인에게나 사회에 더 안정적이지 않을까 싶다.

나이를 먹다 보면 굳이 알려고 애쓰지 않아도 저절로 알아지는 것들이 있다. 그런 시야와 안목을 갖게 된 뒤에 성취를 이루면 어떤 것이 중요하고 본질에 닿아 있는지 더 잘 알아볼 수 있는 눈이 생긴다. 그러면 나이를 먹은 만큼 보다 성숙하게 영향력을 발휘하고 좀 더 지속성을 가질 수 있지 않을까? 어쨌든 당장 눈에 보이는 가시적인 성과가 없더라도 끈기 있고 성실하게 실력을 쌓다 보면 적당한 때에 반드시 그 수고가 빛을 보는 날이 있기 마련이다. 뉴진스님 또한 그런 사례로 기억되며 지금 앞날이 막막한 사람들에게 용기를 줄 수 있다면 더 바랄 것이 없다.

현대판
원효대사?

"정적이었던 불교를 동적으로 바꾸셨죠."

얼마 전 지인과 이야기를 하다가 들은 말이다. 뉴진스님의 공연을 보고 불교 또 나 빼고 재밌는 거 하네, 라는 타이틀이 달린 영상이 방송에 많이 소개가 되었는데 '재밌는 거'에서 '동적이다'라는 이야기를 들으니 표현은 다르지만 사람들이 본질적으로 느끼는 것은 같다는 생각을 했다.

"제가 바꾼 게 아니라 사람들이 바꾼 거죠."

그 말을 듣고 나는 이렇게 답했다. 그저 공치레로 한 말이 아니라 정말 관객들이 바꾼 거라고 생각한다. 내가 한 일은 무대에서 공연한 것밖에 없고 호응도 화제성도 전부 사람들이 만들어 준 것이다.

"진짜 스님인 줄 알았어요."

"불교라고 하면 풍경 소리 들리는 사찰 이미지부터 떠올랐는데 불교 행사에서 저런 장면이 나올 수도 있나 싶어 놀랐어요."

많은 사람들이 불교라고 하면 고즈넉한 산사와 멀리서 아스라이 들려오는 풍경 소리 그리고 스님의 맑고 조용한 독경 소리를 떠올린다. 그런데 승복을 입은 DJ가 강렬한 음악에 맞춰 춤을 추는 불교 행사라니. 처음 영상을 본 지인 중 한 명은 불교가 포교를 위해 저기까지 내려놨구나, 하는 생각이 들었다고 했다.

뉴진스님이 처음 등장했을 때 개그맨 윤성호의 부캐라는 사실은 짐작도 하지 못하고 정말 스님이라고 생각한 사람들이 적지 않았다. 사실, 이 책을 통해 처음 공개하는 건데 거기에는 내 전략이 조금은 작용을 했다. 초반 영상을 올릴 때 일부러 앞모습을 안 보이게 편집해서 올렸는데 진짜 스님이 디제이인 것처럼 보여야 사람들이 더 관심을 가지겠다 싶어서 그렇게 했다. 처음부터 개그맨이 스님 코스프레를 하는 거라고 인식해 버리면 그건 내가 생각해도 너무 식상할 거 같았다.

지금이야 지나갔으니 할 수 있는 말인데 처음에 진짜 스님인 줄 알았다가 개그맨이라는 사실이 알려지면 조금은 분위기가 가벼워질 수 있었다. 하지만 그렇게 흐르지 않은 건 진짜 스님인 줄 알았을 때 사람들이 느꼈던 신선한 충격이 뉴진스님 캐릭터에 대한 호감으로 작용한 것이 아닌가 싶다. 그래서 개그맨인 걸 알아도 김이 팍 새지는 않았던 것 같다.

또 한 가지 고백(?)하자면 뉴진스님이리는 이름으로 큰 스님에게 법명을 받은 것도 내 나름의 전략이었다. 뉴진스님이 많은 사랑을 받은 것은 맞지만 한편으로는 불편하게 생각하는 사람도 당연히 있을 수 있다. 그럴 때 큰 스님이 법명을 주셨다고 하면 조금은 열린 마음으로 봐 주시지 않을까, 하는 생각을 했다. 그래서 3개월을 기다려 법명을 받았는데 바로 진행하지 않고 몇 달을 더 기다린 것은 법력 높은 큰 스님한테 받고 싶었기 때문이다.

그때는 불교계가 어떻게 반응할지 예측하는 것도 어려웠기 때문에 모든 부분이 조심스러울 수밖에 없었다. 그래서 법명을 주십사 부탁을 드릴 때도 최대한 예를 갖춰 요청을 드렸고 긴장하며 답을 기다렸다. 그런데 너무나 흔쾌히 허락해 주셔서 앞으로는 일이 잘 풀리려나 싶어 안도감까지 들 정도였다.

사실 처음 불교신문 홍보 대사 일을 연결해 준 배드보스라는 동생 덕분에 법명을 받을 수 있었다. 지금은 작곡가로 활동하고 있는데 그 동생이 오심스님과 친분이 있어 요청을 드렸다. 그랬더니 너무 감사하게도 수락을 해 주신 거였다. 좀 더 자세히 말하면 법명을 받을 생각을 한 것도 그 동생이 권했기 때문이었다. 아무래도 많은 사람들이 몸담고 있는 불교계다 보니 뉴진스님을 불편하게 보는 사람도 있을 수 있다. 그럴 때 큰 스님이 법명을 주셨다고 하면 그래도 예를 갖추고 허락을 받았다는 인상을 줄 수 있어서 여러모로 도움이 되겠다 싶었다.

6살 때 출가를 하신 뒤 50년 가까이 불자로 살아오신 오심스님은 법력 높은 큰 스님이니 근엄하실 것 같다는 선입견이 있었다. 하지만 실제로는 굉장히 열려 있고 그만큼 품이 넓으신 분이었다. 개그도 좋아하고 농담도 즐기시는 것을 보며 불교의 포용력이 이 정도구나 싶어 감탄까지 했다. 법명을 받을 때는 무척 호탕하고 친근한 분이셔서 살짝 장난을 걸기도 했다.

"첫 번째 수계는 생명을 죽이지 말라, 입니다."

"모기도 안 됩니까?"

법명을 받을 때는 '수계식'을 하는데 이것은 부처님의 가르침에 따라 살겠다며 마음을 모은 사람이 치르는 절차이다. 이때 10개의 계명을 주시는데 그중 첫 번째가 생명을 죽이지 말라, 이다. 첫 번째 계명으로 말씀을 주시는 상황에서 모기도 안 되냐며 장난을 친 것이다. 아무리 약식으로 치르는 수계식이라지만 진지할 땐 진지해야 한다고 핀잔을 들을 수 있는 상황이었는데도 오심스님은 힘든 것은 자꾸 묻지 말라며 농으로 받아 넘기셨다.

사실 나머지 계명을 받을 때도 분위기가 엄숙하고 무겁지는 않았다. 유튜브 채널에 영상을 올릴 계획이라 너무 웃음기가 빠진 것도 지루하겠다 싶어 중간중간 어그로를 끌었는데도 스님은 유쾌하게 받아 주셨다. 그래도 그때 오심스님이 주신 계명은 건성이 아닌 진심으로 받았다. 전통적인 의미의 진짜 출가는 아니지만 뉴진스님을 포용해 주신 불교계와 흔쾌히 법명을 주신 오심스님께 감사하고 부처님의 가르침을 가슴에 새기겠다는 마음은 진심이었다.

- 5계

생명을 죽이지 말라.

남의 물건을 훔치지 마라.

사음(불륜)하지 마라.

거짓말을 하지 마라.

술을 마시지 마라.

조건 없이 누구에게나 베풀고 보시하는 삶을 살겠습니다.

5계를 잘 지키겠습니다.

어려운 일을 참는 인욕하는 삶을 살겠습니다.

힘써 노력하고 수행하는 정진의 삶을 살겠습니다.

마음이 집중되어 삼명을 이루는 선정 수행의 삶을 살겠습니다.

10계 중 5계는 무엇을 하지 말라는 계명이 주를 이루고 나머지 5계는 이러이러한 삶을 살겠다고 다짐하는 내용이 주를 이룬다. 이날 오심스님은 새로울 NEW, 나아갈 진(進) 자를 써서 뉴진이라고 법명을 주시며 전무후무한 일이 될 수도 있다고 하셨다. 내가 생각해도 뉴진스님 같은 캐릭터가 다시 나오기는 어렵지 않을까 싶다.

어쨌든 그날 별 어려움 없이 법명을 받았고 이후 뉴진스님으로 활동하면서 과분하다 싶을 정도로 큰 사랑을 받고 있다. 연예인이든 인플루언서든 유명세가 있는 사람들은 자기 이름을 인터넷에 검색할 수밖에 없는데 나 역시 다르지 않다. 한번은 뉴진스님이 현대판 원효대사 같다는 글을 봤다. 깜짝 놀랐지만 연결성이 아예 없지는 않은 것이 원효대사는 불경에 최초로 음률을 넣은 분이라고 한다.

원효대사와 해골 물 이야기가 워낙 유명해 원효대사라고 하면 해골물 일화부터 떠올리는 분들이 많지만 불교계에서 원효대사는 당대 소수 기득권의 종교였던 불교를 대중화한 분으로 높이 평가되고 있다. 나중에 알았지만 원효대사가 불교를 대중화하는데 요긴하게 작용했던 것이 불경에 음률을 넣은 것이라고 한다. 그 덕분에 사람들이 불교를 쉽고 친근하게 받아들였고 그것이 뉴진스님 캐릭터에 오버랩되면서 현대판 원효대사 또는 원효대사가 환생한 것 같다는 말이 나온 듯싶다.

사실 원효대사에 대해서는 나 역시 해골 물 일화 외에 딱히 아는 것이 없었다. 그러다 뉴진스님으로 반응이 올라오면서 찾아보게 되었는데 원효대사는 신라 시대 6두품 귀족으로 태어나 어린 시절 화랑으로서 전투에도 참가했을 만큼 출가와는 인연이 없을 법한 삶을 살고 있었다. 그러다가 어머니의 죽음에 충격을 받고 삶과 죽음에 대해 고민하다가 결국출가를 하게 되었는데 특이한 건 원효대사가 파계승이었다는 것이다. 당시 불교계가 세운 규율에 얽매이지 않고 자유로운 승려의 삶을 살았던 원효대사는 태종 무열왕의 딸인 요석공주와 혼인한 뒤 아들까지 낳았고 이후 스스로 옷을 벗고 파계승이 되었다.

하지만 그때부터 적극적으로 포교 활동을 하며 불교의 대중화를 이루었는데 이때 원효대사가 사용한 방법 중 하나가 누구나 진리를 깨달을 수 있다는 무애사상을 넣어 향가를 만든 것이었다. 또한 세속가요에도 능통해 춤추고 노래하며 포교하는 가무승의 역할을 담당했다.

그때만 해도 왕족이나 귀족의 전유물이었던 불교는 원효대사에 의해 대중화되었고 유구한 세월이 지난 오늘날 후대 사람들은 당대의 고승(高僧)으로 이름 날렸던 승려들이 아닌 파계승이었던 원효대사의 이름을 가장 많이 기억하고 있다.

너무 당연한 말이지만 원효대사는 뉴진스님이 감히 범접할 수 있는 분이 아니다. 다만 많은 분들이 불교의 포교에 가장 큰 영향을 미친 인물 1위로 원효대사를 꼽고 2위로 뉴진스님을 뽑아 주신다고 하니 어느 정도 책임감을 느끼는 것은 맞다고 생각한다. 그 모든 것을 대중이 만들어 주고 계시니 최대한 그 사랑과 관심에 부흥하기 위해 노력하는 것이 내 몫의 책임일 것이다.

그리고 당연히 원효대사에 비견할 수는 없지만 뉴진스님을 보며 많은 분들이 불교의 포용력과 넉넉한 품을 알아봐 주셨으면 한다. 이전과는 전혀 다른 낯선 방식인데도 뉴진스님을 포용해 준 것처럼 그런 마음을 가진 사람이 많아진다면 그곳이 바로 극락이 아닐까 싶다.

이왕 태어났으니
잘살아 보자

한 생명이 세상에 태어났을 때 그가 어디에서 왔고 이후 어디로 가는지 정확히 아는 사람은 없다. 수많은 종교와 철학이 있지만 인간 존재의 근원에 대한 답을 누구나 이해할 수 있게 명쾌하게 내려 주기는 어렵다. 그래서 삶의 존재 이유에 대해 이야기할수록 질문이 끝없이 이어질 수밖에 없는 것 같다.

과학적으로 따졌을 때 한 생명이 태어날 확률은 경악스러울 정도로 희박하다. 무려 3억 분의 1의 확률을 뚫고 세상에 태어난다는 것은 널리 알려진 사실이다. 그만큼 태어난 것 자체가 기적이라고 해도 과언이 아니다. 그래서 바로 그 지점에서부터 삶의 존재 이유를 찾아야 한다고 본다.

"나는 왜 태어났을까?"

살면서 누구나 한 번쯤은 이런 궁금증을 가질 수 있다. 하지만 답을 내리기에는 너무 어려운 질문이다. 유구한 인류의 역사가 흐르는 동안 많은 사람들이 이 질문에 대한 답을 얻기 위해 노력했지만 누구도 궁극적인 답을 안다고는 할 수 없다. 어쩌면 영원히 안 밝혀질지도 모른다.

하지만 인간 삶이 존재하는 이유보다 더 중요한 건 우리는 태어났고 지금도 살아가고 있다는 점이다. 삶이 존재하는 이유를 모른다고 해도 우리에게 주어진 삶의 기회는 너무나 희박한 확률을 뚫은 끝에 얻은 것이기 때문에 태어난 이상 인생을 살아갈 권리와 책임이 있다. 뚜렷한 이유가 없어도 태어났으니까 산다는 말에는 어떤 오류도, 잘못도 없다.

어디까지나 내 의견일 뿐이지만 나는 삶이란 우리에게 주어진 과제라고 생각한다. 인생이 풀어야 할 숙제라고 하면 골치 아파할 분도 있겠지만 우리는 살아가면서 크고 작은 문제들을 마주하고 그것을 해결하며 살고 있다. 그래서 삶은 숙제와도 같다고 생각한다.

엄청난 확률을 뚫고 태어났으니 삶을 선물이라고도 할 수 있는데 굳이 과제라고 말한 이유는 '태어났으니까 산다'는 말의 뜻이 하루하루 숨 쉬고 밥 먹고 잠자는 것만 의미하는 게 아니기 때문이다. 숨 쉬고 먹고 자는 것은 생명체가 생존하기 위해서는 필수적으로 유지되어야 할 생물학적 조건일 뿐 거기에 어떤 의미를 부여하기가 어렵다. 우리는 본능에만 충실하며 살아가는 존재가 아니라 더 나은 삶, 더 의미 있는 삶을 꿈꾸는, 성장하고 발전하는 인간이다. 그렇기 때문에 '태어났으니까 산다'가 아닌 '이왕 태어났으니까 잘 살아 보자'가 맞다고 생각한다.

여기서 '잘산다'는 건 적어도 내게는 큰 부를 이루거나 명예를 얻는 경우를 말하는 것이 아니다. 오히려 나는 그런 것들은 지나가고 또 변하기 마련이라고 생각한다. 내가 생각하기에 잘산다는 건 나에게 주어지는 일들을 잘해 나가면서 어떤 일이 닥쳐도 침착하게 평정심을 유지하는 것이다.

사실 지금까지 인생을 살면서 어떤 일을 꼭 해야겠다는 생각보다는 자연스럽게 나에게 주어진 일을 하며 살아왔기 때문에 딱히 무엇인가를 욕심내거나 학수고대하며 바란 적은 없다. 무엇을 바라기 보다는 긍정적인 마인드를 갖고 마음의 평화를 유지하며 사는 편이 나는 더 만족스럽고 잘사는 삶이라고 생각한다.

반복해서 강조하고 있지만 살아가면서 긍정적인 마인드를 유지하는 일은 정말로 중요하다. 긍정적이라는 건 고난과 시련 속에서도 희망을 놓지 않고 실패를 실패로 남겨 두지 않으며 그 안에서 배울 점을 찾을 줄 안다는 걸 의미한다. 또한 어려운 여건 속에서도 끈기를 발휘해 상황이 바뀌기를 기다릴 줄 아는 인내심이 있다는 걸 의미하기도 한다.

인내심은 사람이 살아가는데 꼭 필요한 필수 덕목 중 하나로 손꼽히는데 일차적으로는 고통과 어려움을 견디는 힘이기도 하고 또한 고통스러운 상황 속에서도 배우고 성장하며 더 나은 내가 될 수 있도록 이끌어 주는 힘이기도 하다.

특히 해결해야 할 문제가 있을 때 인내심은 해결책을 찾는데 큰 도움을 준다. 기본적으로 인내심이 있다는 것은 섣불리 결정하지 않고 세심하고 신중하게 사리 분별을 할 줄 안다는 걸 의미한다. 설사 마음이 소급

하더라도 인내심을 가지고 문제를 분석해 차분하게 접근하면 결국은 해결책을 찾을 수 있다. 즉 인내심은 우리에게 상황을 제대로 파악할 수 있는 여유를 가져다준다.

큰 부와 명예를 얻는 것도 가치 있는 일이지만 나는 어려움 속에서도 헤쳐 나갈 수 있는 내공을 갖추고 외부 환경이 변하더라도 마음의 평화를 잃지 않고 살아가는 것이 진정으로 잘사는 삶이라고 생각한다. 변수가 많고 복잡다단한 현대 사회에서 마음의 평화를 유지하는 일은 결코 쉽지 않다. 하지만 그렇기 때문에 나는 잘산다고 말할 수 있으려면 어떤 상황 속에서도 고요한 마음으로 세상을 바라볼 수 있어야 한다고 생각한다. 그런데 마음이 평화로우려면 어떤 조건이 충족되어야 할까?

우선 외부 환경에 흔들리지 않아야 한다. 큰 성공을 이루었든 반대로 치명적인 실패를 경험했든 긍정적인 마인드와 평정심을 잃지 않은 사람은 자신의 가치를 외적인 것에 두지 않는다. 또한 실수나 잘못을 저질렀어도 자신을 다그치지 않고 격려할 줄 알며 같은 실수를 반복하지 않기 위해 노력한다.

세상이 각박해지면서 한 번의 실수에도 비난의 화살을 쏘아 대기도 하지만 마음의 중심이 단단하게 선 사람은 어떤 폭풍도 견뎌 내고 빛이 보이지 않는 어두운 터널에서도 한 발짝 더 나아간다. 현재 나를 둘러싼 환경이 어떻든 그것은 영원불멸하지 않으며 결국 세상의 모든 것은 변한다. 지금 많은 돈이 있고 높은 지위에 올라 있으며 남들이 부러워할 만한 성과를 냈어도 그 모든 것은 필히 변할 수밖에 없고 사람은 그 시점이 언제인지 알 수 없다. 잘산다는 건 외적인 조건으로 평가되는 것이 아니며 그보다는 긍정적인 마인드를 지렛대로 마음의 평화를 유지할 때 비로소 잘산다고 할 수 있지 않을까 싶다.

어차피 우리 모두는 이미 세상에 태어났다. 선택의 여지없이 주어진 삶이지만 어떻게 살아갈지는 얼마든지 우리가 선택할 수 있다. 그러니 매일 아침 스스로에게 다짐해 보자. 이왕 태어났으니 잘살아 보자, 라고. 인간 삶의 궁극적인 목적은 알 수 없지만 우리는 누구의 간섭도 받지 않고 내 인생의 방향을 결정할 수 있으니까.

극락은
어디에 있나

얼마 전 동국대 사무총장님을 만날 기회가 있었다. 그때 뉴진스님 덕분에 사람들이 극락을 좀 더 친숙하게 인식할 수 있게 되었다며 감사하다는 말씀을 해 주셨다. 불교에서 극락은 기독교의 천국과 동일시되는 개념인데 아무래도 천국보다는 다소 거리감 있게 받아들여졌던 것이 사실이다. 그런데 뉴진스님 덕분에 극락이 좀 더 사람들에게 친숙해졌다고 하니 조금은 뿌듯한 마음이 들었다.

고통을 이겨 내면 극락왕생
번뇌를 견뎌 내면 극락왕생

공연할 때 쓰기 위해 만든 곡들 중에 '극락왕생'이란 곡이 있다. 그 곡에 들어간 가사 중 일부인데 단순해 보이지만 불교에서 말하는 극락의 본질을 담아내기 위해 나름 고심해서 만든 가사이다. 불교에서 극락은 고통을 이겨 낸 상태를 말한다. 또한 탐욕, 집착, 분노 등의 번뇌에서 벗어난 맑고 평화로운 상태를 극락이라고도 한다. 아무래도 극락이 기독교의 천국과 비견되는 터라 많은 사람들이 죽은 뒤에 도달할 수 있는 곳이라고 생각하는데 사실 극락은 우리 마음에 있다고 보는 것이 더 정확하다.

"극락은 지금 이곳에 있습니다."

한 스님이 하신 말씀이다. 아마 막연히 '극락=천국'이라고 생각하는 사람들은 처음엔 의아해 할 것 같다. 그런데 잘 생각해 보면 극락은 고통을 이겨 내고 번뇌를 벗은 상태를 말하기 때문에 내가 있는 바로 그 장소가 극락이 될 수 있다.

월급이 안 올라서 고통
물가가 올라가서 고통
내 주식만 떨어져서 고통
월요일이 빨리 와서 고통
체지방이 안 빠져서 고통

'극락왕생'에 들어가는 또 다른 가사인데 우리가 살아가면서 다양한 이유로 고통스러워한다는 걸 표현했다. 이러저러한 이유로 우리는 고통 속에서 살아가지만 고통을 이겨 내면 내가 있는 바로 그곳이 극락이라는 것을 말하고 싶었다. 그럼 고통과 극락은 서로 연결되어 있다고 봐야 할까?

'고통과 극락은 동전의 앞·뒷면과 같아서 함께했을 때 서로를 완성 시킨다.'

고통과 극락의 관계에 대해 찾아보다가 눈에 띈 구절이다. 앞에서 고통과 행복은 한 묶음이라고 한 것처럼 고통과 극락 역시 따로 떼어 놓고 논할 수 없을 정도로 서로 유착되어 있다. 쉽게 말해 배고파 봐야 음식의 소중함을 더 잘 알 수 있듯이 극락 역시 고통을 겪어 봐야 그 가치를 온전히 깨달을 수 있다.

사람들은 보통 극락이 비현실적으로 아름답고 모든 것이 다 갖춰져 있으며 욕심도 미움도 없는 이상향이라는 관념을 가지고 있다. 하지만 극락은 고통 속에서도 희망을 포기하지 않고 고요하게 평정심을 유지하는 마음의 상태를 말한다. 즉 고통이 동전의 한쪽 면이라면 그 한쪽 면을 넘어 다른 쪽 면으로 넘어가야 극락을 발견할 수 있다. 고통을 넘어야 극락에 갈 수 있다고 한 것도 이 맥락에서 나온 말이라고 이해하면 된다.

사람은 누구나 고통스러운 상황을 반기지 않는다. 하지만 우리가 살고 있는 세상은 갖가지 고통을 참고 견뎌야 하는 사바세계(娑婆世界)이다. 이 사바세계에 태어난 이상 인간은 누구나 생로병사를 겪고 욕망과 집착, 무지를 드러낸다. 또한 그것이 모든 고통의 원인이자 뿌리이다.

우리는 그런 사바세계에 태어났기 때문에 크든 작든 고통을 겪고 그것을 극복하는 과정을 반복하는 삶을 살아가고 있다. 고통을 이겨 낸 사람은 극락이라는 보상을 얻을 수 있고 고통에 굴복해 주저앉은 사람은 사방에 원망이란 이름의 벽을 치고 그 안에 스스로를 가두는 어리석은 선택을 한다. 그런 사람에게 극락은 높은 벽에 가로막혀 보이지도 않고 심지어는 존재하지 않는 세상이 되기도 한다.

"고통은 필연이지만 괴로움은 선택할 수 있다."

네덜란드의 철학자인 스피노자가 한 말이다. 서양 철학자의 말이긴 하지만 나는 이것이 고통과 극락의 관계를 잘 보여 준다고 생각한다. 스피노자는 인간이 고통을 경험하는 것은 어찌할 수 없는 필연이지만 고통 속에서 불안해하며 힘들어할 것인지 고통을 견뎌 내고 극복할 것인지는 개인이 선택할 수 있다고 보았다. 고통과 극락의 관계 역시 마찬가지다. 사람은 살아가면서 크고 작은 고통을 겪어야 하지만 그것을 이겨 내고 고통의 반대쪽 면인 극락으로 넘어갈 것인지 아니면 한쪽 면에만 갇혀 나에게 주어진 삶의 시간이 다 지나갈 때까지 괴로워만 할 것인지는 선택할 수 있다.

흔히 인간의 삶에는 희로애락이 있다고 말한다. 인간은 세상에 태어나 첫 숨을 내쉬는 순간부터 기쁨과 노여움, 슬픔과 즐거움을 느낀다. 하다못해 아무것도 할 수 없는 무력한 신생아도 울음소리와 표정으로 불편함과 편안함을 표현한다.

인간은 세상에 태어난 이상 선택의 여지없이 고통과 즐거움을 느끼며 살아간다. 어느 시기에는 숨을 쉴 것 같은 고통에 시달리다가도 또 어느 시기에는 이래도 되나 싶을 정도로 편안하고 안락한 시절을 보내기도 한다. 우리는 보통 고난과 시련은 부정적이고 성취와 기쁨은 좋은 거라는 이분법적인 사고를 하지만 고통과 극락은 따로 떨어뜨려서 생각할 수 없다. 고통을 극복하고 견뎌낸 대가가 극락이기 때문이다.

고통은 극락의 가치를 높여 주고 극락은 고통 속에서도 마음의 평화를 지켜 준다. 이 두 가지 관념 속에서 우리는 배우고 성장하며 인격적인 성숙을 이룬다. 물론 그 과정이 쉽지 않다는 건 잘 알고 있다. 하지만 고통을 회피하기만 하면 그것은 마치 연체 이자처럼 내가 외면하고 있는 사이 차곡차곡 쌓이다가 고통을 겪지 않은 것에 대한 부채를 상환하라며 독촉장을 보낼 것이다.

때로 고통은 가혹한 형벌 같아 보일 수 있지만 실상은 우리를 절망에 빠트리기 위해서가 아니라 배워야 할 것을 알려 주기 위해 방문한 선생님일 뿐이다. 그러니 고통을 너무 두려워할 필요는 없다. 오히려 고통은 극락으로 향하는 문의 열쇠이니 우리가 정말로 할 일은 고통을 통해 내가 배울 것을 찾은 뒤 동전의 한쪽 면을 지나 반대편으로 넘어가는 것이다.

다만 한 번 넘어갔다고 해서 마치 불국토에 입성한 것 같은 착각을 해서는 곤란하다. 우리는 고통을 통해 극락을 얻을 수 있지만 그곳이 모든 고통과 번뇌가 사라진 세계 즉 불국토인 것은 아니다. 한 고비를 넘어 극락을 얻었지만 우리는 살아가는 동안 수 백, 수 천 개에 달하는 동전의 한쪽 면에 서게 될 것이고 그때마다 마음의 평화를 얻을 수 있는 반대편으로 넘어가야 극락을 다시 볼 수 있다. 물론 그것은 내 마음의 방향이 어느 쪽으로 흐르느냐에 전적으로 달려 있으므로 우리는 고통의 한 면을 지나 극락이 있는 반대쪽으로 넘어갈 것을 결정하면 된다.

삶을 하나의 직물에 비유하면 고통과 극락은 씨줄과 날줄이다. 어느 한쪽만으로는 직물을 짤 수 없듯이 우리의 삶 역시 마찬가지다. 고통과 극락을 오가며 지혜를 얻고 성숙을 이루어야 삶이라는 작품을 완성할 수 있다.

사바세계의 고통이 없다면 극락도 없고 불국토도 없을 것이다. 고통을 외면한다고 극락의 행복이 주어지는 것이 아니며 고통을 극복하지 않고는 어디에서도 극락을 발견할 수는 없다. 그러니 고통 속에서 극락을 발견할 줄 아는 지혜를 갖추자. 고통을 어쩔 수 없이 건너야 하는 강이라고 생각하면 더 수월할 것이다. 그 강을 건너고 나면 밝고 환한 극락을 볼 수 있을 것이다.

팔만대장경과
心

팔만대장경은 고려 시대 선조들이 만든 우리의 찬란한 문화유산이다. 말 그대로 8만여 개의 목판에 불교 경전을 새긴 것인데 팔만대장경을 만든 이유는 부처님의 힘으로 외세를 물리치고 국난을 극복하길 바라는 염원에서 였다고 한다.

인터넷에 팔만대장경을 검색하면 큰 서고에 검은색 목판이 가득 들어차 있는 이미지를 볼 수 있다. 처음 봤을 때 그 모습이 장관이라 나도 모르게 와~ 소리가 나올 정도였다. 실제로 본 것도 아니고 사진으로 봤을 뿐인데 규모가 엄청나서 보통 정성이 들어간 게 아니었겠네 하는 생각이 단박에 들었다. 무엇보다 몽골의 침입으로 나라 전체가 도탄에 빠졌을 그 시기에 저 많은 경전을 어떻게, 어떤 마음으로 새겼을까 싶어 감탄사가 절로 나왔다.

팔만대장경은 당시 국난 극복을 염원하는 간절한 마음을 담아 한 자한 자 정성들여 판각했기 때문에 완성도가 높다고 한다. 게다가 내용까지 완벽하다고 하니 어느 면으로 보나 대단한 문화유산인 것은 분명하다.

그런데 정작 팔만대장경에 새겨진 경전의 내용에 대해서는 별로 아는 바가 없어 찾아봤더니 팔만대장경에는 윤회의 목적과 의미, 삶과 고통의 본질을 탐구하는 내용 등이 새겨져 있다고 한다. 이 외에도 복잡하고 심오한 내용이 담겨 있는데 그 방대한 내용을 한두 문장으로 요약하는 일은 당연히 어려울 뿐만 아니라 쉽고 단순하게 이해할 수 있는 내용들도 아닐 것이다. 그런 팔만대장경의 내용을 단 한 글자로 줄일 수 있다고 해 놀란 적이 있다.

'팔만대장경을 1자로 줄이면 마음 심(心)'자다.

어느 고승(高僧)이 쓴 법문(法文)에 나오는 구절이라는데 처음 이 문장을 봤을 때 8만 개가 넘는 목판 안에 담겨 있는 방대한 내용을 마음 심(心) 한 글자로 줄이는 게 가능할까 싶었다. 그러면서도 세상에서 사람의 마음보다 알 수 없고 깊은 것이 또 있을까를 생각해 보니 수긍이 갔다. 대자연이 만들어 낸 거대한 협곡도 사람의 마음보다 더 깊다고 할 수는 없다. 열 길 물속은 알아도 한 길 사람 속은 모른다, 라는 속담까지 끌고 오지 않아도 사람 속은 100% 일 수 없다는 밀은 누구나 수긍할 것이다.

물론 팔만대장경이 담고 있는 사람의 마음 즉 심(心)은 타인을 믿기 어렵다는 맥락에서 나온 것이 아니라 불교가 궁극적으로 가르치고자 하는 것이 결국 마음이라는 뜻에 초점을 맞춘 것이다. 본래 불교에서 마음이란 가장 본질적인 근원이자 탐구하고 이해해야 할 우주의 중심이다.

"우주가 아무리 넓다고 한들 내가 없다면 그것은 나에게 아무런 의미가 없죠."

크기를 논하는 것이 무의미할 정도로 우주는 어마어마하게 방대하며 우리는 우주에 비해 티끌만 한 점도 되지 않을 정도로 작고 미미한 존재다. 현대 과학으로도 전체 우주의 크기를 재기 어려울 뿐더러 관측 가능한 은하만 해도 약 2조 개가 넘는다고 하니 우주 속의 작은 은하인 태양계, 그중에서도 지구라는 작은 행성에 살고 있는 내가 전체 우주의 관점에서는 얼마나 미미할까, 라는 생각을 했다.

하지만 내가 존재하지 않는다면 아무리 우주가 크다고 해도 나에게는 의미가 없을 것이다. 또한 그렇기 때문에 사람은 존재하는 그 자체로 하나의 고유한 세계로서 가치를 갖는다고 볼 수 있다.

그런데 우리는 또한 '한 사람이 곧 우주다'라는 말도 알고 있다. 그 말에 대해서는 사람의 내면세계가 우주만큼 깊고 넓다는 것을 의미하는 말이라고 이해했는데 과학적인 측면에서도 사람이 우주의 축소판이라고 할 수 있는 근거가 있다고 한다.

우선 인간의 몸을 구성하는 요소 중 수소와 탄소가 있는데 이것은 천문학적으로 봤을 때 별에서 최초로 만들어진 물질이다. 게다가 인간의 신경망은 우주의 웹(web)과 놀랄 정도로 유사한 것으로 밝혀졌다고 한다. 여기서 우주의 웹(web)이란 우주 속 은하들이 분포하는 거대한 구조를 의미한다. 수년 전 천문학자와 뇌 과학자가 만나 실험 및 연구를 통해 밝혀낸 것인데 사실 이런 과학적 근거까지 들지 않아도 인간이 곧 우주의 축소판이라는 것은 직관적으로 이해할 수 있는 영역이다. 다만 수천 년 전에 발생한 불교가 먼 미래 첨단 과학 기술로 증명되는 것을 단지 사고(思考)의 힘으로 파악한 것에 대해서는 놀랍다는 생각을 했다.

어쨌든 팔만대장경 이야기로 돌아오면 팔만대장경은 끊임없이 사람이 지닌 마음의 힘의 중요성을 강조한다. 내 마음이 사물과 현상 그리고 모든 관계성을 어떻게 인식하고 받아들이느냐에 따라 모든 것이 달라진다는 것을 중요하게 다룬다는 뜻이다. 이것을 한마디로 요약하면 모든 것은 내가 마음먹기에 달려 있고 결국 내 마음이 흐르는 방향에 따라 나의 삶 또한 흘러간다는 뜻으로 이해하면 된다.

불교에서 마음을 다스리는 일은 곧 자신을 둘러싼 환경을 만들고 인생을 관리하는 일과도 같다. 팔만대장경은 한 자 한 자 정성들여 새긴 이 내용을 반복적으로 강조하며, 마음을 바르게 가꾸는 것의 중요성을 상기시키고 그 방법을 안내하고 있다.

한편 팔만대장경에는 극락에 대한 내용도 나온다. 앞에서 다룬 대로 불교에서 극락이란 죽음 이후에 가는 세계가 아니라 우리의 마음 상태를 의미한다. 마음이 극도로 편인하고 기리낄 게 없을 때 우리가 어디에 있든 그곳이 바로 극락이다.

반면 마음이 번뇌로 가득 차 있다면 아무리 좋은 환경에서 생활해도 불편하고 고통스러운 것이 사람의 마음이다. 그렇기 때문에 다른 외부 조건이 아닌 내 마음이 가장 중요한 것이며 여기에 팔만대장경이 말하는 핵심이 있다. 즉 모든 것은 마음의 상태에 달려 있는 것이다. 그 가르침이 후대에 이어지면서 지금 우리가 내 마음을 다스리는 법을 배우고 있는 것이다.

팔만대장경은 단순히 고통을 없애 주겠다고 하는 것이 아니라 마음을 들여다보고 깨달음을 얻는 과정을 통해, 우리에게 인생을 더 잘살 수 있는 지혜를 선물해 준다. 팔만대장경은 마음은 고통의 근원이기도 하지만, 동시에 깨달음의 씨앗이기도 한 점을 공들여 알려 주며 마음을 다스리는 것이 다른 무엇보다 중요하다는 점을 끊임없이 설파하고 있다.

그런 측면에서 팔만대장경이 전하고 있는 가르침은 결국 하나의 질문으로 귀결된다.

'너의 마음은 어디에 있는가?'

이 질문에 대한 답을 찾는 데 성공하면 우리는 깨달음을 얻고 진정한 자유를 찾을 수 있다.

앞에서 다룬 대로 팔만대장경의 내용을 한 글자로 줄이면 '마음'으로 요약할 수 있다. 이것은 곧 우리의 마음이 또 하나의 대장경임을 의미한다. 그 마음을 이해하고 깨달음을 얻는 순간, 우리는 경전이 가르치는 바를 체감할 수 있을 것이다.

팔만대장경은 분명 우리뿐만 아니라 인류 전체의 위대한 유산이지만 그 거대한 경전이 담고 있는 핵심은 의외로 단순하다. 그것은 바로 마음을 비우고 고요하게 만들 때 삶의 진정한 의미를 발견할 수 있다는 진리다. 그럴 필요도 없고 가능하지도 않겠지만 팔만대장경의 수많은 문장을 암기하는 일은 전혀 중요하지 않다. 다만 모든 것은 마음에 달려 있다는 진리를 확인하고 증명하며 하루하루 살아 보자. 그럼 우리가 마음을 들여다보며 인생을 살아가는 동안 또 하나의 대장경이 쓰이고 있으며 그 중심에는 마음이 있다는 사실을 선명하게 확인할 수 있을 것이다.

내가 기도하는
방법

기도를 할 때 꼭 지키려고 노력하는 기준이 있다. 대부분의 사람들이 어떤 일이 잘되게 해 달라는 기도를 많이 하는데 나는 직접적으로 무엇인가를 달라고 요구하지 않는 것이 원칙이다.

예를 들면 그 일을 꼭 제가 할 수 있게 해 주세요, 시험에 붙게 해 주세요, 라고 기도하는 것이 아니라 그 일을 제가 하지 못하더라도, 시험에 떨어지더라도 슬퍼하지 않게 해 주세요, 라고 기도한다.

그렇게 기도하는 이유는 안 될 일을 되게 해 달라고 기도하는 것은 억지이지만, 내 마음을 다스릴 수 있게 해 달라고 기도하는 것은 들어줄 만한 일이기 때문이다. 또한 무엇을 달라고 하는 기도는 과정보다 결과를 더 중요하게 여긴다는 뜻이지만 나는 과정이 바르고 충실하면 결과는 저절로 따라온다고 생각한다. 그래서 기도를 할 때는 결과가 아닌 과정을 거치는 동안 나에게 필요한 능력을 달라고 기도하는 것이 맞다고 생각한다.

기도할 때 대다수의 사람들은 마음이 원초적으로 바라는 것을 달라는 경우가 더 많은 것 같다. 하지만 나는 그런 기도가 잘 나오지 않는다. 무작정 잘되게 해 달라는 기도는 내 힘으로는 어찌할 수 없는 문제를 초월적인 존재가 해결해서 원하는 것을 내 손에 쥐어 달라는 의미이다. 그렇게 되면 나는 스스로 문제를 해결하려고 노력하기보다 요행에 의존하게 되지 않을까, 하는 생각을 한다.

물론 내 생각이 그렇다는 거지 다른 분들이 기도하는 방식 모두 존중받아야 한다고 생각한다. 다만 기도하며 무엇인가 얻기를 간절히 원했는데 잘되지 않아 실망하고 좌절한 적이 있다면 기도의 방향을 달리해 보는 걸 추천하고 싶다. 그렇게 하려면 기도를 어떻게 할 것인지에 대한 고민과 성찰이 있어야 하는데 그 과정 자체도 의미 있고 내 삶에 변화를 가져올 수 있다고 생각한다. 특히 원하는 결과가 나오게 해 달라고 기도하는 것보다 그것을 현실로 끌어올 수 있는 내면의 힘과 의지를 달라는 기도를 한다면 장기적으로 더 남는 장사가 되지 않을까 싶다. 그런 기도는 나를 더 노력하게 만들기 때문이다.

이렇게 되게 해 주세요, 라는 기도는 과정보다 결과에 더 관심이 쏠려 있다는 걸 의미한다. 하지만 잘할 수 있는 힘을 주세요, 라고 기도하면 이후에 결과가 좋지 않더라도 노력하는 과정 중에 얻게 되는 노하우 등은 남는다. 결과에만 신경 쓰다가 잘되지 않으면 실패로 끝난 경험만 남을 뿐 내 손에 남는 것은 없다. 그런 경우 어느 쪽이 더 이득일까? 당연히 노력하는 과정에서 얻은 자질이 남는 게 더 이득이다.

"일이 더 많이 들어오게 해 주세요."

만약 내가 이렇게 기도를 했다고 가정해 보자. 설사 이 기도대로 이루어진다고 해도 장기적으로 나에게 남는 것은 별로 없다.

"공연을 더 잘할 수 있도록 집중력을 주세요."

반대로 이렇게 기도한다면 결과보다 과정에 더 신경 쓰고 노력하면서 얻게 된 집중력은 남는다. 또한 그 과정에서 내가 어디까지 할 수 있는지 가능성도 가늠해 볼 수 있게 된다.

너무 당연한 말이라 식상할 수도 있지만 삶은 결코 녹록하지 않다. 누구나 갑작스러운 고난과 시련을 맞닥뜨릴 수 있고 그럴 때 사람은 하루빨리 문제가 해결되기를 바란다. 그런데 정작 나는 어떤 것도 할 준비가 되어 있지 않고 그저 문제가 해결되길 바라기만 하면 그것은 좌절로 이어질 확률이 높다. 하지만 어려움 속에서도 내가 문제를 잘 해결할 수 있도록 도와줄 수 있는 자질들, 예를 들어 끈기나 인내심 등을 구하면 나는 더 성장할 수 있다.

정말 어떻게 이렇게까지 힘들 수 있을까, 하는 생각을 할 정도로 너무 지치고 고단한 시기에 나는 이렇게 기도했다.

"제가 포기하지 않을 용기를 주세요."

어떻게 보면 기도라는 형식을 빌려 내가 나를 격려하고 있는 것일 수도 있다. 하지만 이런 기도가 반복될수록 나는 더 용기를 낼 수 있었고 의지를 다질 수 있었다. 그 결과 지금 나는 이전보다는 더 단단한 사람이 되었다.

　무작정 잘되게 해 주세요, 하는 기도는 저를 마음대로 하세요, 라는 말과 동의어일 수 있다. 내 힘으로 문제를 해결하고 원하는 결과를 만드는 것이 아니라 외부의 힘에게 의존하고 처분을 맡기겠다는 뜻도 되기 때문이다. 하지만 잘할 수 있도록 이러이러한 능력을 허락해 주세요, 라고 기도하는 것은 다르다. 그것은 나의 자유 의지와 판단력으로 내 삶의 주도권을 쥐고 운명을 개척해 나가겠다는 뜻이다.

　하늘은 스스로 돕는 자를 돕는다는 말이 있다. 이 말에는 삶에 대해 자기주도성과 주체성을 가지라는 뜻이 담겨 있다. 이러한 개념을 내재화할 때 우리는 무엇인가를 선택하고 행동으로 옮길 수 있는 더 넓은 여지를 가질 수 있게 된다.

　세상 모든 일이 다 그렇듯 얼마든지 내 뜻과 반대되는 결과가 나올 수 있다. 그럴 때 실망하고 괴로워하는 사람은 성장도 발전도 하지 못하고 제자리걸음을 하며 현재의 자리에서 맴돌 수밖에 없다. 그것은 곧 도태되는 가장 빠른 길이기도 하다.

역설의
미학

너 때문에
요즘 난리다 난리

2024년 11월에는 감사하게도 상과 표창을 받을 기회가 있었다. 첫 번째는 불교 언론에서 주는 뉴미디어 우수상이고 두 번째는 문화체육관광부에서 주는 표창이었다. 정말 오랜만에 시상식에 가서 상을 탔는데 그동안 연말이면 집에서 티브이로 연예대상 시상식을 보던 기억이 떠올라 뭉클하기도 하고 뿌듯하기도 했다. 문체부장관님은 날 보더니 대뜸 이런 말씀을 하셨다.

"너 때문에 요즘 난리다, 난리."

그날 이후 이 말이 왜 그렇게 머릿속에 떠오르던지 곱씹을 때마다 기분이 좋아졌다. '난리'라는 단어가 이렇게 훈훈하게 좋은 의미로 쓰일 수도 있구나 싶었다. 사실 난리라고 하면 예전에 인기 주말 드라마에서 6·25 때 난리는 난리도 아니었다, 하던 대사부터 떠올랐는데 이제는 나 때문에 난리가 났다는 그 말이 생각나겠다 싶어서 웃음이 나기도 했다. 지금껏 살면서 '난리'라는 단어가 이렇게 인상 깊게 다가온 것도 처음이다.

사실 그날은 평상시 나와는 조금 달랐던 것 같다. 시상식에 참석하기 전 포토존에서 큰절을 했는데 미리 생각하고 있다가 한 것은 아니었다. 그런 자리가 난생 처음이었고 앞에 계시는 기자 분들이 나를 향해 카메라 프레시를 엄청 터트리며 사진을 찍는데 그 순간 나도 모르게 큰절을 하게 됐다. 지금도 그날을 생각하면 데뷔한 이래 20년 동안 요즘만큼 모든 게 다 좋고 감사한 적이 있었던가, 하는 생각이 들 만큼 좋았다.

"학교 국사 수업 시간에 선생님이 뉴진스님 이야기를 했다고 하더라."

기분 좋은 일은 또 있었다. 그 무렵 개그맨 정성호 형에게 전화가 왔는데 초등학교 국사 수업 시간에 선생님이 뉴진스님이 요즘 불교를 재미있게 전파하고 있다는 말을 하더라며 딸이 이야기하는 걸 듣고 알려 주고 싶어 전화를 했다고 했다.

"이게 뭔 일이냐. 형이 너무 기쁘다."

나도 그랬지만 주변에서도 내가 이 정도로 다시 일어날 줄은 몰랐던 듯싶다. 사실 누가 이런 난리가 날 거라고 예상이나 할 수 있었을까? 지금도 정말 꿈같은 일이라는 생각이 들 만큼 실감이 안 날 때가 있다. 시간이 흐른 뒷날에도 지금 이 시기를 돌아보면 그때 그런 난리가 날 거라고는 아무도 예상하지 못 했다, 라고 말하지 않을까 싶다.

사실 난리가 났다는 말은 통상적으로 부정적인 상황에 쓰인다. 미처 예상하지 못한 일이 날벼락같이 벌어지거나, 뭔가 상황 정리가 안 되고 어수선할 때 주로 사용되는 말이다. 하지만 내 경우처럼 긍정적인 뜻으로도 얼마든지 사용할 수 있다.

따지고 보면 삶은 크고 작은 난리의 연속이다. 피하고 싶은 난리도 있고 두고두고 기억하고 싶을 만큼 좋은 난리도 있다. 그런데 '난리'라고 표현할 수 있을 정도로 좋은 일은 우리에게 새로운 길을 터 주는 안내자가 되기도 한다. 그 안내자는 내가 예전에는 생각하지도 못한 방향으로 나를 이끌 수도 있고 들어서려던 길에서 나를 돌려세울 수도 있다.

그런 의미에서 좋은 난리는 우리에게 종종 이런 질문을 던진다.

"이 길이 너한테 더 좋을 수도 있어."

생각하지도 못했는데 뜻밖에 좋은 일이 생겼을 때 대부분의 사람들이 그 길에 더 좋은 것이 있지 않을까 생각한다. 실제로 그런 경우도 많다. 기획사 연습생으로 들어가 아이돌 데뷔를 준비하다가 이러저러한 이유로 무산되고 이후 연기자로 전향, 대중의 사랑을 받는 경우도 있다. 혹은 나처럼 우연한 기회에 불교신문 홍보 대사를 하고 그것이 계기가 되어 연등회 행사 사회를 맡았다가 뉴진스님 같은 인생 캐릭터를 만날 수도 있다.

그런데 잘 들여다보면 새로운 길이 열리는 과정 자체는 내가 주도해서 만들었다기보다 상황이 그렇게 흘러갔고 나는 그 흐름에 순응하다가 눈앞에 보이는 문을 열었을 뿐이다. 단지 흘러가는 대로 놔뒀을 뿐인데 그 결과로 아주 좋은 선물을 받은 셈이다.

그래서 중요한 건 '좋은 난리'가 났을 때 거기에 내가 좋다고 생각하는 것들을 얹을 게 아니라 흘러가는 대로 내맡기는 게 순리라고 생각한다. 좋은 흐름을 탔는데 그 길에 없는 다른 무엇인가를 얹는다는 건 욕심이 생겼다는 뜻이기도 하다. 이미 충분히 좋은 것이 다 갖춰져 있는데 욕심을 부리다가 맞지 않은 것을 얹으면 잘 가고 있던 길이 흔들릴 수도 있다.

"그냥 흘러가며 사는 것이 목표입니다."

JTBC 뉴스룸에 출연해 인터뷰를 할 때 앞으로의 계획을 묻는 질문에 흘러가며 사는 것이 목표라고 대답한 이유도 그 때문이다. 살다 보면 살아지니 너무 걱정하지 않는다는 말도 혹시나 좋은 것에 집착하고 욕심을 부릴 가능성을 경계하려는 내 나름의 전략이다.

흘러가며 산다는 건 흐르는 물처럼 살아가고 싶다는 바람이기도 하다. 물은 어떤 변수가 생기면 변화에 순응하면서도 물이라는 본질을 유지한다. 흘러가다 어떤 장애물에 부딪혀도 저항 없이 돌아가거나 그 자리에 머무는 것이 물이다. 그러면서도 결국 자신의 길을 찾아가는 것이 또한 물이기도 하다.

'강물은 바다를 포기하지 않는다.'

높은 곳에서 낮은 곳으로 흐르며 결국 바다로 흘러드는 것이 대자연이 정한 물의 길이다. 나 역시 물 흐르듯이 주어진 일에 충실하며 좋은 일이 있어도 나쁜 일이 있어도 그 또한 지나간다는 것을 되새기는 삶을 살아갈 것이다.

물론 나 역시 이왕이면 '나쁜 난리'보다는 '좋은 난리'가 많이 생기는 편이 좋다. 좋은 난리가 나면 삶이 얼마나 풍성하고 다채로워질 수 있는지 알 수 있다. 그리고 좋은 난리에 대한 기억은 뒷날 고난과 시련이 온다고 해도 그 시기를 버텨 낼 수 있는 힘을 키워 준다. 그러므로 설사 지금 나쁜 난리를 겪고 있이도 다음은 좋은 난리가 날 차례이니 너무 걱정하지 말고 물 흐르듯이 살아갔으면 한다. 지금은 장애물에 막혀 있어도 물은 결국 자기 자리를 찾아가기 마련이니까.

꿈이 없어도
되는 이유

통상적인 의미에서 꿈은 삶의 방향성을 제시하고 나를 성장하게 하는 원동력이 된다. 꿈은 흔히 목표에 비견되기도 하는데, 꿈을 이루려면 작은 목표부터 단계별로 성취하라는 조언은 자기 계발서의 단골 소재라고 해도 과언이 아니다.

꿈을 이룬다는 건 분명 좋은 일이다. 누군가에게 꿈은 살아가는 이유가 되기도 하고 고난과 시련 속에서도 인내와 끈기를 발휘하게 하는 힘이 되기도 한다. 그런데 오로지 꿈에만 집착하면 어떤 일이 벌어질까?

우리는 어린 시절부터 '꿈을 가져야 한다'는 걸 무의식중에 학습한다. 그러면서 꿈을 가져야 한다는 일종의 강박도 갖게 되는데 그것이 지나쳐 집착하게 되면 상대적으로 불안과 좌절에 노출되기 쉽다. 나는 이것이 꿈의 부작용이라고 생각한다. 꿈을 이루는 것이 삶 자체보다 더 의미 있다고 여길 때 삶은 꿈의 무게에 짓눌리고 우리는 그 무게 때문에 고통

받을 수 있다.

오로지 꿈을 이루기 위해 다른 모든 것을 희생하고 그것만이 삶의 전부라고 믿는다면 그것은 꿈에 집착하고 있는 것이다. 집착은 여유를 잃게 하고 시야를 좁아지게 만든다. 오직 목표 달성만을 위해 쉼 없이 달려가게 하다가 너무나 많은 것을 놓치게 만들기도 한다. 물론 지금 말하는 것은 극단적인 예이긴 하다. 하지만 누구든 꿈에 집착하다 보면 꿈에 갇혀 버릴 수 있다.

반대로 딱히 이루고자 하는 꿈도 목표도 없다면 어떨까? 누구나 하고 싶은 일이 있을 것 같지만 의외로 하루하루 소박한 행복과 만족감을 느끼며 살아가는 것 자체에 의미를 두는 사람들도 있다. 맛있는 식사 뒤 커피 한 잔 마실 수 있는 일상에 감사하고 월급 날 사고 싶었던 물건을 구매하면서 세상 행복해 하는 사람들도 있다. 그들은 미래에 이루고자 하는 거창한 꿈이나 목표는 없지만 하루하루 살아가며 느낄 수 있는 작은 행복의 가치를 다른 것보다 중요하게 생각한다. 나는 그 역시 나쁘지 않은 태도라고 생각한다. 큰 꿈을 꾸고 그것을 이루면서 사회를 발전시키는 사람도 중요하지만, 소소한 행복을 찾으며 꿈을 이루는 것만이 인간이 살아가는 이유는 아니라는 것을 보여 주는 사람들도 있어야 한다고 본다.

사실 꿈을 좇는 것도 적당한 선에서 하면 별 문제는 없다. 문제는 꿈을 좇는 과정에서 삶의 다른 요소들을 희생하기 시작할 때 우리는 꿈의 포로가 될 수 있다는 점이다. 가령 내가 성공해야만 가족이 행복해질 수 있다고 생각하거나 건강을 해치더라도 돈을 버는 것이 먼저라고 생각하면 시작은 꿈이었을지 몰라도 결국은 탐욕으로 변질될 수 있다.

게다가 오늘날 현대 사회는 꿈의 크기나 성취 여부로 사람의 가치를 평가하는 풍토가 만연해 있다. 그것은 꿈을 이루지 못한 사람들이 스스로를 무가치한 존재로 인식하게 할 수 있다. 더구나 그 꿈이라는 게 내가 진짜 원하는 것이 아니라 부모나 사회의 기대에 부응하기 위해 인위적으로 설정한 목표라면? 고작 남들 눈에 그럴 듯하게 보이기 위해 가진 목표로 나의 가치를 재단하는 건 너무 불행한 일이 아닐까 싶다. 그래서 나는 꿈이 없다고 한들 그것이 문제가 될 이유는 없다고 생각한다. 오직 꿈을 이루기 위해 우리에게 삶의 기회가 주어진 것은 아니기 때문이다.

꿈은 나와 타인을 비교하게 만들기도 한다. 꿈을 좇다 보면 같은 꿈을 꾸는 사람들을 만나기 마련인데 그럴 때 누가 좀 더 높은 자리에 빨리 올라가느냐를 두고 서로를 비교하게 되는 경우가 허다하다. 사람은 누구나 자신만의 때, 자신만의 속도가 있으나 꿈에 집착하게 되면 누구보다 빨리 높은 자리에 가고 싶은 마음이 들기 쉽다. 그러다 마음만큼 일이 잘되지 않으면 스스로를 초라하게 여기며 자존감이 떨어지기도 한다. 간절히 꿈을 이루고 싶어 하는 마음이 잘못됐다는 것이 아니다. 다만 목표 달성, 꿈을 이루는 것만이 삶의 유일한 목적이 된다면 꿈을 이루지 못한 인생은 살아갈 이유가 없게 된다. 그것은 당연히 바람직하지 못한 결말이다.

목표 지점에 도달하지 못해도 한 사람이 인생을 살면서 할 수 있는 일은 너무나 많다. 도움이 필요한 누군가에게 손을 내밀어 줄 수도 있고 불안해하는 이를 격려하고 응원해 줄 수도 있다. 그 외 어떤 일을 하던 꿈을 이룬 사람이 하면 더 의미 있고 그렇지 않은 사람이 하면 의미가 퇴색되는 일은 없다.

"하지만 꿈도 목표도 아에 없는 것은 문제 아닐까요?"

워낙 경쟁이 치열한 한국 사회다 보니 아무런 꿈 없이 그저 흘러가는 대로 사는 삶은 누군가가 보기에는 의미 없고 무기력해 보일 수 있다. 하지만 그것은 어디까지나 제3자의 관점일 뿐 본인이 그 안에서 의미와 가치를 찾는다면 타인의 시선은 고려하지 않아도 된다.

꿈은 우리를 더 성장시키기 위한 도구이자 안내서일 뿐 살아가는 이유가 될 수는 없다. 물론 이루고자 하는 것이 있다면 꿈을 향해 나아가는 일은 너무나 가치 있고 바람직하다. 하지만 그런 꿈이나 목표가 없다고 해서 누군가를 평가하고 재단할 권리는 우리에게 없다. 오히려 긴 시간 동안 한 가지 꿈에 얽매이기보다 인생을 살아가면서 만나는 또 다른 기회들과 가능성에 주의를 기울이는 것이 더 생산적일 수도 있다.

당연히 꿈은 소중하다. 하지만 하고 싶은 일, 되고 싶은 모습이 없다고 그것이 곧 인생의 실패를 의미하는 것은 아니다. 꿈은 인생의 목적이 될 수 없고 다만 삶을 더 풍성하게 만들어 줄 뿐이다. 꿈이 소중한 만큼 같은 무게로 다른 삶의 요소들도 살피고 그 안에서 행복과 기쁨을 찾을 줄 안다면 삶의 질은 더욱 올라갈 거라 확신한다.

어린 시절 우리는 누구나 장래 희망에 대한 질문을 받았고 조금만 삐

그덕거리는 것 같으면 "커서 뭐가 되려고 그러니"라는 핀잔을 들어야 했다. 그러다 보니 꿈을 가져야 되고 목표를 달성해야 한다는 가스라이팅을 당한 것은 아닐까? 하지만 어느 정도 세상을 알면 꿈이 없어도 그게 큰일 날 일이 아니라는 사실을 알 수 있을 것이다.

가슴에 꿈을 품고 목표를 세워 하나씩 이뤄가야 이 세상을 살아갈 수 있다는 당부는 어쩌면 꿈을 가져야 한다는 강요의 다른 모습일지도 모른다. 꿈이 없는 사람은 인생을 낭비하고 있는 것이며 스스로를 무가치한 존재로 만드는 거라는 말도 그렇게 믿고 있는 사람의 주장일 뿐 그것이 진리라는 증거는 없다.

꿈이 없다고 한들 하루하루를 충실하게 살아 내고 있다면 그 자체로 충분히 가치 있는 일을 하고 있는 것이다. 꿈이 없다고 삶은 공허해지지 않으며 오히려 온 신경을 빼앗는 목표 지점이 없기에 주변을 더 잘 들여다볼 수 있는 여유를 가질 수 있다. 그러니 꿈도 목표도 없는 삶을 이상하게 생각할 필요는 없다. 그것은 곧 당신이 편안하고 만족스러운 삶을 살고 있다는 증거이기도 하다.

이름에 대한
책임감

"뉴진스님일 때와 윤성호일 때를 엄격히 구분하시던데 그건 왜 그러시는 거예요?"

얼마 전에 받은 질문이다. 유퀴즈에 출연했을 때도 뉴진스님 반, 윤성호 반 콘셉트로 나눠서 촬영을 했는데 나는 이 세계관을 지켜야 한다고 생각한다. 왜냐하면 뉴진스님일 때 입는 장삼이 나에게는 그냥 옷이 아니기 때문이다.

"장삼을 입었을 때만큼은 진짜 스님이라고 생각해 주세요."

큰 스님께 법명을 받고 수계식을 치른 뒤 불교계에서는 장삼을 입고 있을 때는 진짜 스님이라고 생각해 달라는 요청을 해 왔다. 나는 당연히 그래야 한다고 생각했다. 불교계에서 뉴진스님을 포용해 주신 만큼 보답을 해야 했기 때문이다.

하지만 주변에서는 진짜 스님이 아닌데 지나치게 경직된 것 같다는 말이 나왔다. 어느 정도는 즐기면서 유연하게 해도 괜찮을 듯 싶은데 멘트 하나까지 불교계의 눈치를 너무 보는 것 아니냐는 의견이었다.

사실 그런 말을 들을 때마다 고민이 안 되는 것은 아니다. 진짜 스님인 척하면 이도 저도 아니라는 댓글도 전혀 신경이 안 쓰인다고 하면 거짓말이다. 다만 장삼을 입었을 때만큼은 말과 행동을 조심해야 한다는 건 타협할 수 없는 원칙이다. 큰 스님이 법명을 주시고 수계를 해 주신 건 단순히 재미있자고 한 것이 아니다. 불교계에서 뉴진스님을 포용해 준 이유는 포교를 위한 것이지 마음대로 놀아 보라는 뜻에서 손잡아 주신 것이 아니라고 생각한다.

사실 뉴진스님이 많은 사랑을 받고 있긴 해도 그것이 불교계 전체의 뜻과 반하는 행동을 해도 된다는 의미는 아닐 것이다. 원래 개그맨들은 웃길 수만 있다면 뭐든지 다 하는 DNA를 가지고 있지만 뉴진스님만큼은 재미가 없어도 불교계의 당부를 지키는 것이 맞다고 생각한다. 불교계의 입장이 개인 윤성호의 필요보다 더 상위에 있기 때문이다. 그래서 더더욱 뉴진스님과 윤성호를 엄격히 구분하고 있다. 그 경계가 허물어지면 윤성호의 부족함이 불교계에 누를 끼칠 수도 있다. 나는 차라리 재미가 없다는 비판을 받을지언정 세계관을 지켜야 한다고 본다.

몇 달 전, 조계종 총무원장이신 진우 스님께 헤드셋을 선물로 받았다. 젊은 사람들에게 새로운 불교를 알리는데 뉴진스님의 역할이 크다고 칭찬하시며 헤드셋을 선물로 주셨는데 그때 정말 열린 마음으로 포용해 준다는 느낌을 받았다. 만약 종단에서 뉴진스님을 불편하게 바라보았다

6장 ❀ 역설의 미학

면 지금 내가 이렇게 마음 편하게 활동할 수는 없었을 것이다.

그처럼 물심양면으로 지지해 주고 응원해 주시는 분들의 당부이기에 나는 뉴진스님일 때는 불교계에 누가 되지 않도록 조심하는 것이 도리상 맞다고 생각한다. 만약 웃기고 싶은 욕심에, 또 뉴진스님이기 전에 개그맨 윤성호라는 논리로 선을 넘는 말이나 행동을 하면 그것은 불교계 전체를 욕보이는 일이 된다. 나는 지금 받는 응원과 지지가 없어지더라도 나를 믿고 손을 잡아 준 분들에게 누가 되지 않도록 조심할 책임이 있다. 그러면서도 대중 분들이 재미와 흥미를 잃지 않게 밸런스를 맞추는 건 전적으로 내 몫이라고 생각한다. 불교계에 은혜를 입은 만큼 신중을 기하면서도 대중이 내게 바라는 것들 역시 충족시켜 드릴 것이다. 물론 그렇게 하려면 많은 공부와 연구가 필요하겠지만 그것을 마다할 수는 없다. 넘칠 만큼 큰 사랑과 지지를 대중과 불교계 양쪽으로부터 받았기 때문이다.

사실 뉴진스님이 지금처럼 활동할 수 있는 이유는 대중이 불교에게 원하는 바를 뉴진스님이 충족시켜 주고 불교계에서는 이 부분을 인정하고 수용해 주었기 때문이다. 본질은 대중과 불교 사이의 거리를 뉴진스님이 연결시켜 준 것에 불과하다. 그런 의미에서 나는 종교 역시 그 시대의 언어와 방식에 맞게 사람들에게 다가가는 것이 중요하며 불교계가 그 점을 꿰뚫어보고 뉴진스님을 포용해 준 것이라고 생각한다.

인류의 역사가 시작된 이래 종교는 철학과 함께 오랜 세월 인생의 지침이 되어 왔다. 그럴 수 있었던 이유는 종교가 가르치는 내용이 여러 면에서 개인과 사회에 가치를 제공하고 그 시대의 언어와 방식으로 사람들에게 다가갔기 때문이다. 지금의 현대 사회는 정보가 범람하고 사람들의 라이프 스타일이 빨라지면서 예전의 진지하면서도 깊은 유대 관계를 통한 포교가 어려워지게 되었다. 그만큼 강하고 임팩트 있게 메시지를 전달해야 되는데 그런 면에서 뉴진스님의 공연이 잘 맞아 떨어졌고 불교계에서도 이 점을 높이 평가해 준 것 같다.

하지만 그렇다고 해서 본질이 바뀌는 것은 아니기 때문에 불교의 계율에 반하는 행동을 하면서 뉴진스님으로 활동하는 것은 양심이 없어도 너무 없는 일이다. 특히 정식 스님은 아니더라도 뉴진스님으로 활동하기 시작한 뒤 불교 자체에 관심을 갖게 된 것도 내게는 세계관을 지켜야할 이유 중 하나다. 단지 화제가 되고 돈을 벌기 위해서가 아니라 불교가 사람들에게 더 다가갈 수 있도록 가교 역할을 하기 위해 활동하는 것인만큼 나는 더 진정성 있는 모습을 보여야 한다고 생각한다.

물론 그러면서도 재미는 확실하게 보장해 드릴 생각이다. 마음에 와닿지 않으면 어떤 대단한 진리도 존재 의미를 찾기 어려운 법이다. 그것을 잘 알고 있기 때문에 사람들이 불교에 흥미를 느낄 수 있도록 다양한 시도를 할 것이며 나는 그 안에서 개그맨으로서의 정체성을 지켜 갈 것이다. 이것을 해내지 못한다면 지금의 사랑과 관심이 이어지지 않더라도 자업자득이라고 생각한다.

개인적으로 포교는 일방통행이 아닌 쌍방향이어야 한다고 생각한다. 뉴진스님의 공연을 많은 사람들이 즐기고 불교에 대해 좋은 인식을 갖는 이유도 관객과 DJ가 함께 호흡하는 과정에서 쌍방향 소통이 이루어지고 이것을 수용해 주는 불교의 포용력에 사람들의 마음이 움직였기 때문이다. 과거에는 인자하면서도 근엄한 모습으로 다가갔다면 지금의 포교는 상대의 말에 귀 기울여 주고 그러면서도 감각적으로 메시지를 전달해야 한다. 그만큼 포교 방식이 변하고 있고 그런 면에서 뉴진스님이 큰 호평을 받은 거라고 생각한다.

물론 방식은 변해도 본질은 변하면 안 된다는 사실은 잘 알고 있다. 그래서 열려 있되 본연의 가치는 지키는 방식으로 대중과 교감하고 소통할 계획이다. 불교는 모든 것은 변한다는 가르침을 오랜 세월 동안 전해왔고 나 역시 물 흐르듯 세상 돌아가는 섭리에 수긍하며 살아갈 것이다. 또한 주어진 일에 감사하고 할 수 있는 일에 최선을 다하되 결과에 집착하지 않는다면 그 또한 그럭저럭 잘 살아 내는 것이 아닐까?

뉴진스님의 처음은 불교 행사에서 사회를 본 것이었다. 하지만 이후 관객과 대중들의 호응과 반응 그리고 불교계의 포용이 더해지며 지금의 뉴진스님이 만들어졌고 그것이 팩트이다. 그 과정들을 잘 들여다보면 뉴진스님 역시 물 흐르듯 흘러가며 변화해 왔다. 솔직히 이 다음에는 어디로 흘러갈지 나로서는 알 수 없다. 다만 관객과 대중이 만들어 주시는 대로, 그러면서도 불교 본연의 가치는 훼손하지 않으며 재미있게 다가가려고 한다. 이것이 내가 생각한 최선이고 지금까지 받은 넘치는 사랑과 응원에 대한 보답이다.

힘든 때일수록
나를 돌볼 줄 알아야 한다

살다 보면 누구나 힘든 시기를 겪는다. 그럴 때 우리는 마음의 짐을 덜기 위해 위안받을 수 있는 것을 찾곤 한다. 내 경우 운동을 하며 스트레스를 푸는 반면, 다른 사람들은 대부분 술잔을 기울이거나 담배에 손을 대며 고통을 잠시라도 잊고 싶어 한다. 하지만 힘든 상황일수록 술이나 담배 같이 몸을 상하게 하는 것은 하지 말아야 한다. 그것은 문제를 해결하는 것이 아니라, 오히려 더 깊은 수렁으로 우리를 끌어내리기 때문이다.

힘들 때 술을 마시거나 담배를 피우면, 그 순간은 마음이 한결 가벼워지는 것처럼 느껴질 수 있다. 알코올이 주는 이완감이나 담배의 니코틴이 주는 순간적인 안정감이 마치 위로처럼 다가올 수 있다. 하지만 그것은 착각이다. 술과 담배는 일시적으로만 고통을 무디게 해 줄 뿐, 근본적으로 문제를 해결해 주지 않는다. 오히려 몸과 마음을 더 약하게 만들어 고통을 이겨 낼 힘을 빼앗아간다.

의학적으로도 술은 다음 날 숙취와 무기력함을 남기고, 말 그대로 백해무익한 담배는 건강을 해칠 뿐 아니라 중독이라는 더 큰 문제를 야기한다. 특히 힘들 때일수록 술 담배에 의존하는 것은 치명적이다. 말처럼 쉬운 일이 아니라는 건 알지만 지금 버거운 시기를 보내고 있다면 우리는 신체적으로 건강해야 한다. 그래야 문제를 해결하는 데 필요한 에너지를 비축할 수 있다. 그런 면으로 봤을 때도 술과 담배는 우리의 몸과 마음을 좀먹는 도구일 뿐이다.

말처럼 쉽게 되는 것은 아니지만 힘든 시기에 우리가 가장 의지해야 할 것은 나의 몸과 마음이다. 몸이 건강해야 마음도 강해지고, 마음이 건강해야 어려움 속에서도 희망을 찾을 수 있다. 하지만 술과 담배는 이 둘의 연결고리를 파괴한다.

평소 술을 즐기든 그렇지 않든 힘든 시기에 마시는 술은 우리의 감정을 왜곡하기 쉽다. 현실을 제대로 바라보지 못하게 하고 심할 경우 극단적으로 흥분하게 하고 판단력이 흐려져 오히려 문제를 악화시킬 수 있다. 담배는 스트레스를 줄여 주는 것처럼 보이지만, 실제로는 신체에 더 큰 긴장을 유발하며 에너지만 소모시킨다.

힘든 시기를 견디는 가장 좋은 방법은 나를 더 아끼고 돌보는 것이다. 너무 교과서적인 답변 같지만 규칙적인 운동, 건강한 식습관, 충분한 수면은 몸과 마음의 면역력을 키워 준다. 또한 친구나 가족과 진솔하게 대화를 하면서 마음의 짐을 나누거나, 글을 쓰며 자신의 감정을 정리하는 것도 좋은 방법이다.

술과 담배는 우리가 스스로를 제대로 돌보는 것을 방해할 뿐이다. 그 두 가지는 문제를 회피하게 만들 뿐, 해결할 힘은 전혀 주지 않는다. 여러 번 강조했지만 어려운 시기일수록 우리는 자신을 더 아껴야 하고 건강한 방식으로 스트레스를 해소할 줄 알아야 한다.

힘들 때 술이나 담배에 의존하면, 그것은 또 다른 고통의 씨앗을 뿌리는 것과 같다. 술은 알코올에 대한 의존성을 높이고 심할 경우 중독으로까지 이어질 수 있다. 담배 역시 담배 갑에 실려 있는 것처럼 치명적인 질병을 야기할 가능성이 있고 술보다 더 심각한 중독 증상을 남길 수 있다. 눈앞의 고통을 덜기 위한 선택이, 나중에는 더 큰 후회로 남을 여지가 있는 것이다.

앞에서도 수차례 강조했지만 세상에 영원한 것은 없고 힘든 시기는 결국 지나간다. 아무리 깊은 밤도 끝이 있고, 아무리 거센 폭풍도 멈추는 날이 오는 법이다. 중요한 것은 그 시간을 어떻게 견디느냐이다. 고난과 시련의 시간을 어떻게 보내느냐에 따라 이후 삶의 질은 확연히 달라진다. 그렇게 중요한 시간을 고작 술 담배에 의지해 흘려보내 놓고 더 나은 미래를 바라는 것은 양심불량이 아닐까? 힘든 때일수록 나를 지키는 일은 무엇보다 중요하다. 술이나 담배 등에 의존하는 것은 너무나 쉽고 간단하게 선택할 수 있는 방법이고 무엇보다 우리를 망가뜨리고 문제를 해결하는 데 써야 할 에너지를 빼앗아간다. 따라서 그럴 때일수록 나 자신을 치유하고 성장시키는 선택을 해야 한다. 그런 올바른 선택이 차곡

차곡 쌓일 때 비로소 시련을 이겨 내고 더 밝은 빛을 만날 수 있다.

삶은 고통의 연속이라는 말이 있다. 아침에 눈을 뜨는 순간부터 하루를 마감하는 저녁까지, 우리는 크고 작은 고난과 마주한다. 하지만 이 고통이 오직 우리를 괴롭히기 위한 목적으로 존재하는 것은 아니다. 때로 고통은 우리를 성장시키고, 더 나은 삶으로 건너가게 해 주는 징검다리 역할을 한다.

불교에서는 고통을 이겨 내는 과정에서 깨달음을 얻고, 그렇게 삶의 마지막 순간에 다다르면 극락왕생으로 이어질 수 있다는 믿음이 있다. 인생을 살면서 고통은 겪을 수밖에 없고 때로 고통은 우리가 어느 선까지 견딜 수 있는지를 시험한다. 그럴 때 당연히 괴롭고 고통스러울 수밖에 없지만 그것을 단순히 '불운'으로만 여긴다면 우리는 성장할 수 없다.

이유가 뭐가 됐든 되는 일이 없고 상황은 계속 나빠지기만 할 때 그 안에 매몰되어 우왕좌왕하기만 하면 문제 해결은 고사하고 어떤 교훈도 얻을 게 없다. 그럴 때는 고통이 우리에게 끊임없이 이렇게 묻고 있다는 걸 상기해야 된다.

"이 상황에서 무엇을 배울 것인가? 어떻게 더 나아질 것인가?"

고통을 통해 우리는 더 강해지고, 더 넓은 시야를 가지게 된다. 만약 고통이 없다면 우리는 성장이 무엇인지조차 알지 못할 것이다.

고통은 그 자체로 끝이 아니다. 그것은 시작이자 동시에 과정이다. 누구나 힘든 순간에는 아주 찰나의 고통도 영원히 지속될 것만 같은 아득

함을 느낄 수 있다. 하지만 그 지난한 고통을 이겨 낼 때 우리는 비로소 더 큰 평화를 만날 수 있다.

물론 고통을 이겨 내는 일이 말처럼 쉬운 것은 아니다. 그것은 자기 자신과의 외로운 싸움일 수도 있고 때로는 세상과의 싸움일 수도 있다. 어느 쪽이든 쉽지 않지만 그 과정을 통해 우리는 스스로 몰랐던 면을 새롭게 발견하거나 우리 자신을 더 잘 이해할 수 있게 될 것이다. 그리고 그 깨달음이 결국 우리를 자유롭게 만들어 줄 것이다.

힘든 시간이 지속되면 우리는 종종 왜 나만 이런 고통을 겪어야 할까? 하고 생각한다. 하지만 고통은 우리 모두가 겪는 삶의 일부다. 그 고통을 받아들이고 극복할 때, 우리는 더 나은 자신을 만날 수 있다. 즉, 고통이 우리를 더 나은 곳으로 데려다주는 안내자임을 안다면, 우리는 그 고통을 받아들이고 사랑할 수 있다. 고통 속에서도 평화를 찾고, 그 속에서 의미를 발견할 수 있기 때문이다.

삶은 고통과 행복이 교차하는 여정이다. 고통을 두려워하지 않고, 그것을 이겨 내며 살아갈 때 우리는 극락을 볼 수 있다. 그러니 고통이 찾아올 때 두려워하지 말자. 그것은 우리가 더 높은 차원으로 나아가도록 돕는 하나의 과정일 뿐이다. 고통을 이겨 낸 자에게는 반드시 보상과 대가가 따를 것이며 그 과정에서 우리는 욕심과 집착을 내려놓는 방법을 배울 수 있다. 세상의 풍파 속에서도 마음의 평정을 유지하는 법을 배운다면 고통을 이겨 낸 뒤의 보상은 더 딜콤하고 아름다울 것이다.

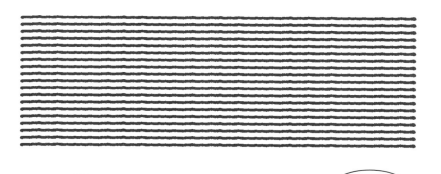

7장

해와 달은 서로를
비교하지 않는다

과거는 지나갔고
미래는 아직 오지 않았다.
그러니 현재에 집중하라

불교 명언에 '과거는 지나갔고, 미래는 아직 오지 않았다. 그러니 현재에 집중하라.'는 말이 있다. 나는 이 말이 머릿속에 떠오를 때마다 지금이 가장 중요하다는 사실을 매번 깨닫는다. 사실 지나간 과거의 일을 한 번도 후회한 적이 없는 사람은 없을 것이다. 아직 다가오지 않았지만 미래에 대해 불안감을 느끼지 않는 사람도 없을 것이다. 그러면서도 현재 우리가 살고 있는 시간은 과거도 미래도 아닌 바로 지금 이 순간이다. 그것은 현재를 가장 중요시해야 한다는 걸 의미한다. 현재는 우리가 무엇인가를 할 수 있는 유일한 시간이기 때문이다.

시간은 손가락 사이로 흘러가 버리는 물과 같아서 잡을 수 없고 한 번 지나가 버린 시간은 되돌릴 수 없다. 그래서 시간을 거슬러 올라가는 타임 슬립(Time Slip) 드라마나 영화가 많은 사람들을 사로잡는 건지도 모르겠다. 하지만 그것은 드라마이기 때문에 가능한 이야기지 현실에서 과거를 돌이킬 방법은 없다.

한 번 흘러가 버린 강물은 같은 자리를 서성인다고 해서 다시 돌아오지 않는다. 그걸 알면서도 지나간 강물에 집착하면 그 사람이 얻을 수 있는 것은 뭘까? 당연히 아무것도 없다. 그러니 과거의 일을 후회하며 마음 쓸 시간에 미래에는 과거가 될 지금 이 순간을 후회하지 않도록 최선을 다하는 편이 훨씬 남는 장사다.

솔직히 과거를 돌이켜 보면 후회할 일이 수없이 많을 것이다. 그때 내가 이런 선택을 했었다면, 그 기회를 잡았다면, 이런 것들을 미리 준비해 놨었다면……. 현재를 가장 만족스러운 상태로 가정해 놓고 과거를 돌이키면 많은 것이 후회되고 아쉬울 수밖에 없다. 그런데 인생을 살면서 완벽하게 과거도 현재도 만족스러운 사람이 얼마나 될까? 내 경우 그런 시절은 없었다. 물론 현재에 감사하고 또 감사하고 있지만 과거의 나까지 마음에 들었던 적은 없었다. 늘 아쉬움이 남았고 기뻤던 일보다 후회되는 순간이 머릿속에서 더 잘 떠올랐다.

하지만 그런 생각이 지금의 나에게 도움이 안 된다는 사실은 잘 알고 있다. 그리고 요즘은 미래에서는 과거가 될 지금 이 순간에 후회가 남지 않으려면 무엇을 해야 할까, 라는 생각을 할 수 있게 되었다. 쉽게 말해 좀 더 멀리 바라볼 수 있는 시야가 생긴 것 같다. 이것이 특히 좋은 건 지금의 나에게 집중하게 되기 때문에 과거는 돌아볼 겨를이 없게 된다는 점이다. 미래 역시 지금의 내가 잘 준비해야 원하는 미래를 맞이할 수 있다는 점을 알기 때문에 현재에 더 집중하게 된다.

7장 ☮ 해와 달은 서로를 비교하지 않는다

이런 것을 다 알면서도 과거 어느 시점에 너무 큰 후회를 해 본 사람은 좀처럼 과거를 떨쳐 내기가 어려울 수 있다. 예를 들면 한 순간의 실수로 너무나 소중한 존재를 잃어버렸다면 실수는 과거의 일이 되었지만 그로 인한 상실감은 여전히 현재 진행형이기 때문에 자연히 후회도 따를 수밖에 없다.

그럼에도 우리는 드라마가 아닌 현실을 살아가고 있기 때문에 과거를 바꿀 수 없다. 아무리 뼈아프고 후회돼도 그때의 선택을 돌이킬 수 없고 그로 인한 결과는 고정되어 있다. 무서운 것은 바꿀 수 없다는 것 자체가 블랙홀이 되어 현재의 모든 것을 빨아들인다는 점이다. 어떤 후회와 자책을 한다고 해도 고정된 과거를 바꿀 수는 없기 때문에 무력감과 상실감은 또 다른 후회를 불러온다. 결국은 악순환의 연속인 것이다.

과거가 족쇄가 될 경우 우리는 어떤 것도 새롭게 시작하기 어렵고 그것은 우리를 앞으로 나아가지 못하게 한다. 세상 모든 것은 변하고 영원한 것은 없는데 그 흐름 속에서 후회와 자책만 끌어안고 계속 과거에 머물러 있으면 안타깝지만 그 사람은 시간을 낭비한 대가를 치러야 할 수도 있다.

아무리 큰 절망감에 휩싸여 있어도 시간은 다시 되돌아가 주지 않는다. 물론 우리는 시간의 흐름을 무시하고 자기만의 세상에 갇혀 과거만 곱씹으며 살 수 있다. 본인이 그렇게 선택하면 사실상 말릴 수 있는 사람은 없다. 스스로 깨닫지 않는 한……

하지만 그와는 무관하게 시간은 흘러갈 것이고 결국은 알게 될 것이다. 아무리 큰 절망감이라도 시간이 지나고 나면 무뎌지고 그동안 나태하게 지내 온 탓에 너무나 많은 것을 놓쳤다는 사실을 깨달아야 되는 순간이 온다는걸.

그럴 때 어떤 것이 가장 먼저 후회가 될까? 내가 생각하기에는 시간을 낭비했다는 그 자체일 것 같다. 세상에 변하지 않는 것은 없고 영원한 것은 없다. 아무리 큰 절망감이라고 한들 예외는 아니다. 모든 것은 변하기 마련이고 지금 내가 느끼고 있는 감정 역시 시간이 지나면 무뎌질 것을 모른 채 너무 많은 시간을 무의미하게 흘려보냈다는 것. 나라면 그걸 가장 후회할 것 같다. 또한 그것이 시간을 낭비한 대가가 아닐까 싶다.

속절없이 흘러간 시간 속에는 내가 미처 잡지 못한 기회도 있었을 것이고 나를 위해 예비된 좋은 운도 있었을 것이다. 하지만 과거에 발목 잡힌 사람의 눈에 시간이 가져다주는 귀한 선물은 눈에 들어오지 않는다. 절망에 사로잡힌 사람의 시야는 아주 좁아지기 때문이다.

절망감 때문에 과거에 집착한 대가는 우리가 생각하는 것보다 훨씬 클 수 있다. 과거에 집착하지 않으면 우리는 자유로울 수 있지만 과거를 떨쳐 내지 못하는 사람은 그 자유를 누릴 수 없다. 과거에 저지른 잘못을 용서하지 못하는 것 역시 마찬가지다. 이미 지나가 버린, 어찌할 수 없는 아픔을 움켜쥐고 괴로워하는 것은 스스로를 감옥에 가두는 일과 같다. 그 역시 당연히 자유로운 상태가 아니다.

그러고 보니 '과거'를 너무 부정적으로만 본 것 같은데 사실 과거는 우리에게 귀중한 교훈을 건네는 스승과도 같다. 하지만 그건 어디까지

나 과거를 과거로서 인정했을 때 해당된다. 흘러간 과거에 집착하며 후회를 곱씹는 게 아니라 진지하게 반추하며 배울 점은 배우고 그것을 현재에 적용시킬 때 우리는 과거를 흘려보낼 수 있다.

후회가 아닌 추억으로 남은 과거도 마찬가지다. 어느 한 시절 나는 그때 행복했디, 라고 기억할 수 있는 좋은 시절이 있다면 그 자체에 감사하고 그때 인연을 맺은 이들을 소중하게 여기면 된다. 그때가 좋았다며 현실을 등한시하면 아무리 좋은 추억도 현재의 나를 도태되게 만들 수 있다.

우리가 과거에 매달리고 미래를 불안해할 때 희생되는 것은 바로 지금 현재다. 무엇인가를 할 수 있는 현재를 희생해 놓고 밝은 미래를 바랄 수 있을까? 지나간 과거는 등 뒤에 두고, 다가올 내일을 바라볼 때 우리는 진정한 자유를 얻고 밝은 미래를 맞이할 수 있다.

따라서 과거를 흘려보내는 가장 좋은 방법은 지금 내 눈앞에 놓인 현재를 살아가는 것이다. 과거라는 바람을 등지고 앞을 향해 걸어 나갈 때 우리는 눈앞에 펼쳐진 새로운 삶의 경치를 발견할 수 있다. 그것은 나를 위해 준비된 미래다. 그만큼 내게 좋은 것들이 예비되어 있다는 뜻이기도 하다. 거기서 내가 할 일은 나를 위해 안배된 좋은 것들을 잘 찾는 것이다.

"미래가 밝다고 확신할 수는 없잖아요."

누군가는 이런 생각을 할 수도 있을 것 같아 집고 넘어가면 나는 기본적으로 미래란 현재의 결괏값이 쌓여 만들어지는 거라고 생각한다. 즉 아직 오지 않은 미래를 현재와 분리해서 생각하지 말고 바로 지금이 미래의 기반을 닦아야 할 시간이라고 생각하면 답은 나올 것이다. 즉 미래를 염려하기 전에 내일의 기초를 다져 놓는 것이 중요하다. 이렇게 애쓰고 수고한 것은 나에게 좋은 결과로 돌아오기 마련이다. 밝은 미래는 나에게 와 주는 것이 아니라 내가 찾고 만들어 가는 것이기 때문이다.

사실 지나간 과거는 길고, 다가오지 않은 미래는 그 끝이 언제인지 알 수 없다. 그래서 과거와 미래 사이에 있는 현재가 가장 짧으면서 중요한 것이다. 현재를 영어로 하면 'present'인데 이것은 '현재'와 '선물'이라는 뜻이 동시에 담겨 있다. 현재는 우리에게 주어진 선물이란 의미. 지금 살고 있는 현재가 선물이라면 우리는 오늘을 충실히 살아야 할 의무가 있다.

'과거는 지나갔고, 미래는 아직 오지 않았다.'

이 말은 현재의 중요성을 강조한 동시에 삶에 대해 어떤 태도를 취해야 할지를 알려 주는 말이기도 하다. 지금 이 순간을 충만하게 느끼고 경험할 때 우리는 현재를 놓치지 않게 되고 비로소 삶의 주인이 될 수 있다. 여기서 현재를 오롯이 느낀다는 말은 거창한 것을 의미하지는 않는다. 주변에 작은 호의를 베풀고, 나에게 주어지는 것들에 감사하는 일도 현재를 충실하게 산다고 할 수 있다.

바쁜 일상 때문이라도 우리는 늘 시간을 확인하고 남은 시간을 계산하며 살아간다. 그러다 보니 지나간 시간을 돌아보며 후회도 느끼고 아직 다가오지 않은 미래를 걱정하기도 하는 것이다. 사실 그 자체는 자연스러운 일이다. 다만 마음을 어느 시간대에 두느냐는 다른 문제다. 무엇인가를 할 수 있고 바꿀 수 있는 시간은 지금, 현재 뿐이다. 그러니 현재를 가장 중요하게 생각하고 과거는 과거로 남겨 두는 것이 맞다. 우리가 과거에서 길어 올릴 수 있는 건 교훈뿐이다. 미래 역시 마찬가지다. 아직 다가오지 않은 미래는 현재가 쌓여 만들어진다. 그러니 다가올 미래가 걱정된다면 현재를 충실하게 살아야 한다. 삶에서 가장 중요한 순간은 언제나 현재이지 과거나 미래가 아니다.

우리는 과거를 거슬러 올라갈 수 없고 미래를 앞당길 수도 없다. 하지만 현재는 내가 판단하고 선택할 수 있는 시간대이다. 과거에 후회를 남기고 싶지 않다면 미래에는 과거가 될 지금 이 순간에 후회로 남을 만한 일을 안 해야 되는 것이고 미래를 준비하고 싶다면 지금 대비를 해 두는 것이 맞다. 그러니 삶의 중심은 늘 현재라는 점을 잊지 말고 무엇이든 할 수 있는 현재에 머물며 기쁨과 행복을 찾아야 한다.

물론 현재 속에는 고통과 시련이 있을 수 있고 그런 만큼 지금 이 순간을 산다는 게 말처럼 쉽지만은 않다. 그러나 아무 소용없는 과거나 미래를 신경 쓰는 일보다 현재에 집중하는 편이 결과적으로 나한테 좋은 일이다. 그러니 지금 이 순간을 놓치지 않았으면 한다. 내 삶이라고 할 수 있는 건 오롯이 현재뿐이며 그것을 느끼는 순간 현재가 얼마나 소중한지 깨달을 수 있을 것이다.

불안은
준비하라는 시그널

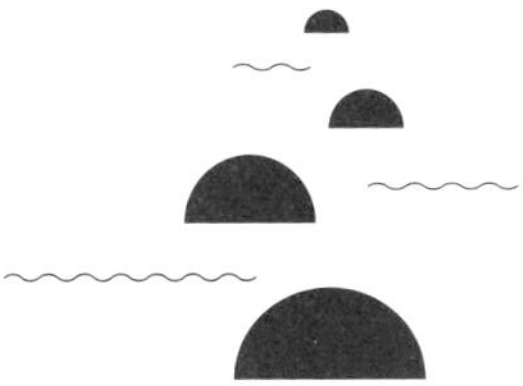

선사 시대에 불안은 인간을 살게 하는 시그널이었다. 위험이 다가올 때 인간의 신체는 불안을 느낌으로써 위기를 모면했고 그 유전자는 현대인들에게 그대로 전해졌다. 물론 지금은 선사 시대 인간이 직면해야 했던 위기와는 다른 차원의 위기 상황이 펼쳐지고 있고 현대인들은 저마다 다른 이유로 불안을 느끼고 있다.

따지고 보면 불안은 늘 우리 주변에 있다. 중요한 시험을 코앞에 둔 수험생, 새 직장 출근을 하루 앞둔 직장인 등 우리는 다양한 상황 속에서 불안과 긴장을 마주하고 있다. 그런데 보통 '불안'을 부정적인 감정으로 생각하기 쉽지만 사실 불안은 우리를 해코지하기 위해 존재하는 것이 아니다. 오히려 불안 속에는 아주 중요한 메시지가 감춰져 있다. 바로 '불안하다면 지금 준비하라'이다.

우리는 낯선 상황 앞에서 불안감을 느낀다. 낯설다는 건 처음 접해 본다는 뜻이고 그것은 곧 변화를 의미한다. 익숙한 것들이 바뀌고 변화했을 때 내가 과연 잘 대처할 수 있을까 하는 불안은 누구나 느낄 수 있다. 특히 낯선 환경, 예상하지 못한 돌발 상황에서 중요한 결정을 해야 할 때 사람은 누구나 불안해하며 망설일 수 있다. 그 자체는 결코 잘못된 것이 아니며 오히려 인간인 이상 지극히 자연스러운 반응이다.

하지만 불안에 과도하게 휘둘리면 그것은 원하지 않는 결말로 이어질 확률이 높다. 사실 불안은 우리의 부족함을 질책하고 실패할 거라며 악담을 하기 위해 등장하는 감정이 아니다. 오히려 불안은 지금 무엇인가를 해야 한다는 신호를 보내 주는 친절한 안내자다.

불안을 다스릴 줄 모르고 무조건 피하려고만 하면, 불안은 알아서 떨어져 나가 주지 않는다. 오히려 사막의 모래 늪처럼 우리를 불확실성의 늪에 깊이 밀어 넣을 수 있다. 이때 많은 사람들이 불안을 애써 외면하며 더 불안해하는 데 그건 가장 좋지 않은 대처다. 외면하는 시간이 길어질수록 대비할 시간은 그만큼 줄어들기 때문이다. 또한 그로 인한 결과는 당연히 본인이 책임져야 한다. 지금 준비해야 한다는 불안의 경고를 무시한 대가이기 때문이다.

반대로 그 불안을 직시하며 "내가 지금 무엇을 해야 하지?" 하고 스스로에게 묻는다면 우리는 그 불안을 기우로 바꿀 수 있다. 그렇게 질문한 순간 새로운 가능성으로 향하는 문을 열었기 때문이다.

아는 사람만 아는 것인데 불안은 성장의 필수 조건이다. 모든 게 편안하고 익숙한 상황에서 불안을 느끼는 사람은 없다. 반대로 어떤 상황이 닥쳤고 그 안에서 불안감을 느끼고 있다면 그것은 우리가 새로운 도전을 감행해야 하는 시점에 도달했다는 것을 의미한다.

가령 데뷔 무대를 앞두고 있다고 가정했을 때 그 순간에는 긴장과 불안을 느끼는 것이 당연하다. 하지만 불안한 만큼 사전에 많은 준비를 해 놨다면 그때 느끼는 불안은 일종의 성장통이다. 우리를 한 단계 더 도약할 수 있도록 이끌기 위한 하나의 과정일 뿐이다.

그럼에도 불안을 부정적인 것으로만 인식한다면 그것은 발전하지 않고 현재에 안주하겠다는 뜻이다. 물론 그것 역시 본인의 선택일 수 있다. 하지만 성장하고 싶어 하면서 불안은 겪지 않겠다는 것은 값은 치르지 않고 명품을 가져가겠다는 것과 같다.

말처럼 쉽게 되지 않을 수도 있지만 불안을 성장 앞에 오는 어떤 징조처럼 생각한다면 우리는 더는 불안을 두려워할 필요가 없다. 오히려 준비하라는 신호탄이라고 인식하면 불안은 우리를 앞으로 달려 나가게 하는 동력으로 기능할 것이다. 어린 시절 운동회에서 공포탄 소리에 맞춰 있는 힘껏 달려 나갔을 때처럼.

설사 불안이 반갑지 않은 표정으로 우리 앞에 선다고 해도 고개 한 번 끄덕이고 이제 준비할 때다, 라고 생각하면 불안은 우리를 성장하게 하는 밑거름이 된다. 그러니 다른 건 몰라도 이것 하나만큼은 꼭 기억해 두었으면 한다. 불안은 '지금 준비해야 한다'는 신호이지 발을 걸어 넘어뜨리기 위해 등장한 불청객은 아니다.

반대의 경우도 한 번 생각해 보자. 만약 불안이 없다면 어떤 상황이 벌어질까? 내 경우 가장 먼저 머릿속에 떠오르는 생각은 불안이 없다면 위험하다, 이다. 앞에서 말했듯 불안은 준비해야 한다는 시그널이다. 그런데 불안을 느끼지 못한다면? 우리는 미리 준비하지 못하게 되고 그만큼 놓치는 부분이 많아질 것이다.

만약 공연을 앞두고 있는데 전혀 불안하지 않다면 멍 때리고 있다가 없어서는 안 될 장비를 챙기지 못할 수도 있다. 그러면 관객과 한 약속을 어기게 되고 그것은 최악의 실수가 될 것이 자명하다. 그러므로 중요한 일을 앞두고 불안하다면, 그것은 방심하지 않고 성공적으로 일을 완수할 수 있도록 도와주는 내면의 신호라고 이해하면 된다.

불안을 느끼지 못하면 인간은 '별일 없겠지' 하는 안이한 마음을 품기 쉽고 그것은 돌이킬 수 없는 큰 문제를 야기할 수도 있다. 불안이 사라진 상태에서는 위험 신호가 와도 그것을 인지하지 못하기 때문이다. 그런 면에서 불안은 신경에 거슬리는, 초대받지 못한 손님이 아니라 우리의 부족한 점을 알려 주는 동행자라고 생각하는 것이 맞다. 불안이 아무리 불편한들 일이 벌어지고 난 뒤 당혹스러움을 감당하느니, 불안이 알려 주는 신호를 알아듣고 사전에 대비하는 것이 백 번 나은 대처다.

이처럼 불안은 우리에게 지금이 행동할 때라고 알려 주려는 신호일 뿐 우리를 함정에 빠뜨리기 위한 적은 아니다. 불안의 신호로 더 많은 준비를 할 때 우리는 보다 나은 결과를 만들어 낼 수 있다. 이것은 불안이 우리의 파트너이자 성장하도록 이끄는 안내자가 될 수 있음을 의미한다. 물론 지나치게 과도한 불안은 해롭다. 하지만 그렇기 때문에 최선을 다해 준비하는 자세가 필요한 것이며 열과 성을 다해 대비해 놓으면 우리는 그 과정에서 한 단계 더 발전하고 성장할 수 있다. 그러니 불안을 괴로운 감정이라고만 생각할 것이 아니라 불안을 활용해 더 단단해지고 유능해지는 길을 모색해 보는 것도 좋은 방법이다.

불안은 외면한다고 해서 사라지지 않는다. 어쩌면 불안은 우리의 내면이 마지막으로 보내는 경고의 신호일 수 있다. 그렇게 도달한 신호를 어떻게 다루느냐에 따라 우리에게 더 없는 선물을 안겨다 줄 수 있는 감정이 바로 불안이다. 불안이 보내는 신호를 날카롭게 감지하고 필요한 것들을 미리 준비하는 성실함과 지혜를 갖춘다면 불안은 우리에게 강력한 무기가 될 수 있다. 이것은 휘둘리지 않고 불안을 지혜롭게 활용한 우리에게 주어지는 보상이다. 그러니 불안과 파트너십을 맺고 부족한 걸 채우는 데 활용해 보자. 아마 불안은 마지막 화룡점정을 찍게 해 주는 가장 유능한 동반자가 되어 줄 것이다.

불완전하기 때문에
더 찬란한 것이다

너무 당연한 말이지만 세상에 완벽한 인간은 없다. 인간은 누구나 불완전하고 쉽게 흔들릴 수 있다. 누군가는 불완전하다는 것이 약점이라고 생각할 수도 있겠지만 사실 그 불완전함은 사람과 사람을 이어 주는 매개체가 된다.

불완전하다, 즉 완전하지 않다는 것은 부족한 점이 있다는 뜻이다. 그것은 사람이 혼자서는 살 수 없으며 더불어 협력하며 살아가야 한다는 것을 의미한다. 살다 보면 자신의 부족함 때문에 바라던 일이 잘되지 않는 경우가 있는데 그럴 때 누군가는 부끄러움을 느끼며 자책한다. 하지만 그렇게 불완전하기 때문에 인류는 서로 힘을 합치며 공동체를 이뤄갔고 그 결과 오늘날까지 문명이 발달할 수 있었다. 만약 인간이 완전한 존재라 실수도 하지 않고 혼자서 모든 것을 능숙하게 해 낸다면 배움도 성취도 없었을 것이다. 그런 상태에서는 어떠한 따뜻함도 감동도 없었을 것이라고 확신한다.

우리가 성장하는 이유는 완전하지 않기 때문이다. 부족한 부분을 채우기 위해 배우고 공부하며 발전하는 과정 자체가 우리의 삶을 풍요롭게 한다는 점을 상기할 때 인간의 불완전함은 오히려 축복일 수 있다.

불완전한 상태에서 부족함을 채우며 성장하는 과정이 얼마나 감동적인지 생각해 보자. 하다 못해 어린 아이가 걷는 법을 배우는 과정만 지켜봐도 우리는 기쁨과 감동을 느낀다. 아이는 수없이 넘어지고 다시 일어나는 과정을 반복하면서 조금씩 걷는 법을 터득한다. 우리는 그 연약한 어린아이가 노력하는 모습에 감동을 받으며 응원한다. 그런데 불완전하다는 측면에서는 우리 자신도 아이와 다르지 않다. 우리는 모두 인생이라는 이름의 긴 수행길에서 넘어지면서도 다시 일어나는 존재들이다.

불완전함은 우리가 살아가면서 맺는 인간관계를 더욱 깊고 따뜻하게 만들어 준다. 우리 중 누구도 완벽하지 않기에 서로의 불완전함과 연약함을 이해하고, 그로 인한 슬픔이나 좌절을 위로해 줄 수 있다. 때로는 한 사람의 부족함을 다른 이가 채워 주며 그 관계성에서 기쁨과 보람을 느끼기도 한다. 만약 우리 모두가 도움 따위는 필요 없는 완벽한 존재였다면 누군가가 내밀어주는 손길, 따뜻하게 건네는 위로의 말 한마디가 필요할까? 스스로 완전하기 때문에 십중팔구 필요 없었을 것이다. 그래서 불완전함은 우리를 이어 주는 다리와도 같다.

또한 불완전함은 우리가 창의력을 발휘하는 데 필요한 필수 조건이기도 하다. 개인적으로 인류가 발달시켜 온 모든 미술, 음악, 문학, 과학은 모두 인간이 완벽하지 않고 불완전하기 때문에 시작되었다고 본다. 현실적으로 부족했기 때문에 개선해야 했고, 그러면서 더 나은 세상을 꿈꾸게 됐기 때문에 새로운 아이디어를 떠올릴 수 있었을 것이다. 이것은 인간이 가진 가장 놀라운 능력 중 하나이다. 만약 우리가 불완전하지 않았다면, 창작물에서 감동을 받고 더 나은 삶의 질을 위해 혁신적인 상품들을 개발했을까? 나는 그렇지 않았을 거라고 본다.

따라서 불완전함은 결코 우리의 약점이 아니다. 오히려 불완전하기 때문에 협력의 가치를 알게 되었다. 나는 사람과 사람과의 관계를 더 아름답게 만드는 너무나 인간적인 조건이 바로 불완전함이라고 생각한다. 그래서 불완전함을 대하는 우리의 자세는 인간이 완전하지 않음을 인정하고, 부족한 것을 채우기 위해 늘 앞으로 나아가는 자세라고 본다. 새로울 뉴(NEW) 나아갈 진(進)을 써서 뉴진스님이라는 법명을 만든 것도 나 스스로 완벽하지 않다는 걸 너무 잘 알기 때문에 부족함을 채우기 위해 새롭게 나아간다는 뜻을 담기 위해서다. 우리는 완벽하지 않고 앞으로도 완벽할 수는 없지만 오히려 불완전하기 때문에 끊임없이 더 나은 자신이 되기 위해 노력할 수 있다. 그리고 그 과정이야말로 삶을 가장 빛나게 만들어 주는 것이 아닐까 싶다.

사실 사람들은 불완전함을 능력이 부족하거나 실수할 가능성을 뜻하는 말로 한정해서 본다. 하지만 불완전하다는 의미를 그런 단순한 차원에서만 바라봐서는 안 된다. 불완전함은 인간이라면 누구나 해당되는 존재의 근본적인 상태를 나타내기 때문이다. 우리는 태어날 때부터 무엇인가를 배우고, 익히며 더 나은 상태를 만들어야 하는 숙제를 끊임없이 부여받는다. 그것은 때로 우리에게 좌절과 고통을 안겨 주기도 하지만, 그러면서도 더 성장하고 발전하는 것을 갈망하게 하는 원동력으로 작용하기도 한다.

예술가들이 작품을 창작할 때도 마찬가지다. 그들이 창작을 하고 싶어 하는 이유에는 여러 가지가 있지만 가장 큰 이유 중 하나가 현재 결핍되어 있는 무엇인가를 채우고 싶어 하기 때문이다. 작곡가는 한 번도 연주되지 않은 멜로디를 찾아 헤매고, 화가는 캔버스에 한 번도 담기지 않은 이미지를 상상하며 그림을 그린다. 이처럼 세상에 존재하지 않는, 결핍되어 있는 것을 찾아내 세상에 존재할 수 있게 하기 위해 우리는 창조력을 발휘한다. 그런 면에서 불완전함은 창조력을 발휘하기 위해 전제되어야 하는 필수 조건이다. 우리가 새로운 아이디어를 떠올리는 이유를 가만히 생각해 보면 필요하지만 현실에는 없는 것을 채우기 위한 것일 때가 많다. 예를 들어, 자동차는 이전보다 빨리 그리고 덜 피곤하게 목적지에 도달할 수 있도록 하기 위해 만든 노력의 산물이다.

자동차 외에도 창의력이 돋보이는 발명품들이 많다. 그중에는 실수를 통해 세상에 나온 물건들도 있다. 페니실린, X-레이, 포스트잇은 예기치 못한 사소한 실수나 오류가 발생한 것을 계기로 세상에 나올 수 있었다. 이러한 사례들의 면면을 자세히 들여다보면 불완전하다는 것이 단순히 부족하다는 의미를 넘어 새로운 가능성으로 향하는 문을 여는 열쇠가 될 수 있음을 알 수 있다.

7장 ❀ 해와 달은 서로를 비교하지 않는다

사실 모든 조건이 너무 잘 갖춰져 있으면 창의력이 감소할 수 있다고 본다. 필요한 자원과 시간이 제한된 환경일수록 인간은 가장 혁신적인 아이디어를 내놓으며 발전해 왔고 우리는 그렇게 만들어진 문명의 이기 (利器)를 향유하며 보다 안락한 삶을 누려 왔다.

이처럼 불완전함이 창의력의 원천으로 기능한다면, 반대로 완벽을 추구하는 태도는 어떨까? 나는 오히려 창의력을 억누를 수 있다고 본다. 인간은 불완전하다는 사실을 인정하지 않고 완벽주의만을 고집한다면 그것은 두려움과 결합되기 쉽다. 완벽주의가 심할수록 실수를 두려워하기 때문이다. 그것은 필연적으로 새로운 시도를 막기 마련이며 그렇게 안전한 완벽만을 추구하다 보면 우리는 점점 확실하고 안전한 선택만 하려고 하게 된다. 이는 창의적인 사고를 제한하고, 성장과 혁신을 가로막을 가능성이 굉장히 높다.

반면 불완전함은 우리가 다음과 같이 질문하도록 유도한다.

"왜?"

"어떻게 하면 더 나아질까?"

인류는 이 질문에 답하기 위해 창의적 사고를 해 왔고 끊임없이 질문하고 탐구하는 자세 덕분에 불완전함을 기반으로 창의력을 발휘하는 방법을 개발할 수 있었다. 이것은 곧 우리는 불완전해도 충분히 가치 있다는 것을 반증해 준다. 따라서 완벽만을 추구하는 것보다 현재의 불완전함 속에서 배우고 성장하는 과정을 즐긴다면 우리는 더욱 찬란하게 빛날 수 있을 것이다.

불완전함은 단점이나 약점이 아니라 인간을 가장 인간답게 만드는 특징이며, 창의력의 원천이기도 하다. 우리는 완벽한 존재가 아니기 때문에 계속해서 배워야 하고 그럼으로써 새로운 것을 창조할 수 있다. 그러므로 불완전함을 거부할 것이 아니라 그것을 받아들이고 긍정적으로 활용하는 자세가 필요하며 그것이 가능할 때 우리는 더욱 풍요로운 삶을 살아갈 수 있다. 결국 불완전함은 인간에게 주어진 선물이자 축복이다. 그것은 우리에게 더 나은 세상과 더 나은 자신을 꿈꾸게 해 주기 때문이다.

자존감은 태산같이,
자세는 누운 풀처럼 겸손하게

사람은 누구나 자기 자신을 아끼는 마음이 있다. 그런데 그 마음은 두 가지로 나뉘어 표현되곤 한다. 첫째는 자부심이고, 다른 하나는 자존감이다. 언뜻 생각하면 비슷한 뜻일 것 같지만 두 단어는 전혀 다른 뿌리를 가지고 있다. 자부심은 외부의 인정을 받는 자신에 대한 확신이라면, 자존감은 내면으로부터 비롯된 나 자신을 사랑하는 힘이다.

자부심은 통상적으로 내가 무엇인가를 성취하거나 이루어 냈을 때 내가 타인보다 우위에 있다고 생각하면서 느끼는 감정이다. 시험을 치러 높은 점수를 받았거나, 업무에서 두각을 나타냈을 때 우리는 자부심을 느끼며 더 성장하고 발전하고 싶어진다. 이처럼 남보다 뛰어나다는 자부심은 우리를 앞으로 나아가게 하는 원동력이 되기도 한다.

하지만 자부심은 타인의 인정이라는 조건이 충족되어야 하기 때문에 때로는 급격하게 흔들릴 수 있다. 특히 더는 성과가 나지 않거나 남보다

뒤처진다고 느낄 때 자부심은 쉽게 무너진다.

반면에 자존감은 외부 조건의 영향을 받지 않는다. 오로지 내면에서 우러나오는 힘인데 이는 자존감이 나를 인정하고 받아들이는 힘이기 때문이다. 자존감이 높으면 비록 실패하더라도, 완벽하지 못하더라도 내가 여전히 가치 있는 존재라는 걸 의심하지 않는다. 스스로를 믿기 때문이다.

그렇기 때문에 자존감이 높으면 자신의 부족함도 있는 그대로 자연스럽게 받아들이며 결핍을 부끄러워하지 않는다. 그래서 눈에 보이는 성과나 타인의 인정이 없어도 자기 능력을 의심하지 않을 수 있는 것이다.

그런데 우리가 건강한 자아를 가지려면 자부심과 자존감 모두 중요하고 필요하다고 한다. 자부심은 기반이 약해도 그것이 유지되는 동안은 더 나은 목표를 향해 노력하게 하고 도전할 용기를 준다. 하지만 자존감이 밑받침되지 않는다면 자부심은 빈껍데기가 되기 쉽다. 외부의 인정이 없을 때 무너져 버리는 자신감이 그러한 예에 해당된다.

반대로 자부심이 전혀 없는 자존감 역시 우리를 소극적으로 만들 수 있다. 성취를 통해 얻는 만족감과 긍지는 스스로의 능력을 신뢰하게 하는 데 꼭 필요한 요소인데 이것이 없다면 자존감이 높아도 이를 유지하기가 쉽지만은 않다. 따라서 진정으로 건강한 자아는 자부심과 자존감이 균형을 이룰 때 찾아온다. 우리는 자신의 능력과 성취에 대해 자부심을 느끼면서도 그것에만 의존하지 않고 실패와 부족함 속에서도 나를 사랑할 수 있어야 한다.

우리는 살아가면서 도전하고 실수하며 성공과 실패를 반복한다. 이때 자부심은 우리가 새로운 도전을 시작할 수 있도록 독려하는 역할을 한다면, 자존감은 그 과정에서 넘어지더라도 다시 일어날 수 있는 힘을 준다. 그래서 둘 중 하나라도 부재한다면 우리는 스스로를 온전히 신뢰하기 힘들어진다.

이처럼 자부심과 자존감은 서로를 보완해 준다. 즉 자부심과 자존감 사이에는 서로의 부족함을 채워 주는 관계성이 기본적으로 형성되어 있는 것이다. 그런데 자부심만 있고 자존감이 부족하다면? 그런 사람은 성과에 과도하게 집착하는 모습을 보이기가 쉽다. 자부심이 커지는 만큼 실수나 실패를 용납하기가 어려워지기 때문에 자존감은 부족하고 자부심만 큰 사람은 성공하지 못할 경우 자신의 존재 가치가 없어진다고 여긴다.

반대로 자존감만 있고 자부심이 부족한 사람은 자신의 잠재력을 충분히 발휘하지 못할 수도 있다. 타인의 인정을 통해 한 번 자부심이 형성되면 도전하는 것에 큰 부담을 느끼지 않으나 자부심이 부족하면 성취할 수 있는 기회를 잡는데 다소 소극적인 태도를 보일 수 있기 때문이다. 따라서 우리에게는 자부심과 자존감이 모두 필요하며 두 가지가 균형을 이룬 상태가 최상이다.

개인적으로 자부심은 우리 마음속의 태산을 이루는 일부라고 생각한다. 우리는 가슴속에 모두 자신만의 태산을 가지고 있는데 그것은 내가 살아오면서 쌓아 온 다양한 경험과 자부심으로 이루어져 있다. 대자연에서 보는 태산은 높고도 웅장하기 때문에 보는 이로 하여금 경외심을 품게 한다. 그러나 태산이 깊고 험한 산세를 갖고 있다면 사람들은 좀처럼 다가가려 하지 않을 것이다. 그러니 태산 같은 자존감을 가지되 그것을 품고 있는 자세는 누운 풀처럼 부드럽고 겸손해야 한다.

풀은 바람이 불어오면 방향을 바꾸고, 비가 내리면 더욱 굳건하게 땅에 뿌리를 내린다. 사람이 그러한 풀처럼 자신의 존재를 과시하지 않고도 묵묵히 역할을 다하면 겉으로 보기에는 연약해 보일 수 있어도 풍기는 아우라는 강인해 보일 수밖에 없다. 또한 그 둘이 함께 존재할 때 우리는 다가오려는 사람에게 편안한 안정감을 줄 수 있다.

겸손함은 자부심을 감싸는 보호막과도 같다. 자부심만 앞세운다면 그것은 타인에게 거대한 벽처럼 느껴지기 십상이다. 그러나 겸손을 동반한 자부심은 오히려 사람들을 끌어당기고, 진정한 공감을 이끌어 낸다. 역사에 이름을 남긴 위대한 인물일수록 그들은 자신이 이룬 업적에 자부심을 가졌지만 그것을 타인에게 과시하지 않았고 오히려 낮은 자세로 다른 이들의 이야기를 경청했다.

바쁜 하루하루를 보내는 요즘이지만 이따금씩 내가 어떤 모습으로 비춰질지 되돌아보곤 한다. 아직까지 그런 적은 없지만 만약에 내 안의 자부심과 자존감이 태산처럼 느껴진다면 나는 동시에 누운 풀과 같은 자세를 갖출 것이다.

'자존감은 태산 같이, 자세는 누운 풀처럼'이라는 말은 사실 내가 인간관계를 맺을 때 지키고 싶은 일종의 지침 같은 말이다. 스스로의 가치를 믿되, 타인의 가치를 이해하고 존중할 줄 아는 사람이 되고 싶다. 그것이 우리가 서로를 더 깊이 이해하고 함께 성장할 수 있는 길이기 때문이다.

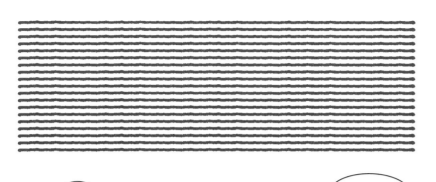

모든 일에는
알맞은 때가 있다

실패가
좋은 경험이 되게 하려면

인생을 살면서 실패를 경험하지 않은 사람은 없다. 크고 작은 실패를 거듭하면서 우리는 때로 좌절하고 고통스러워 할 때도 있지만, 지나고 나면 고난 속에서 중요한 깨달음을 얻기도 한다. 특별한 이유가 있지 않고서는 누구나 실패를 꺼려하고 피하고 싶어 하지만 인생에서 실패란 기본 옵션과도 같다. 원하는 것을 모두 얻고, 바라는 모든 것을 이루며 사는 사람은 세상에 없다.

하지만 실패는 어떻게 활용하느냐에 따라 성장하는 데 필요한 자산이 될 수 있다. 절대 듣기 좋으라고 하는 말이 아니다. 실패는 내가 무엇이 부족했고 무엇을 놓쳤는지를 알려 주며 어떻게 문제를 해결해야 하는지 힌트를 주는 선생님이라고 생각하면 가장 좋다.

실패를 좋은 경험으로 만들기 원한다면 가장 먼저 실패를 인정해야만 한다. 대부분의 사람들이 실패를 부정하거나 원인을 외부로 돌리려는 경향을 보이는데 그런 심리가 작동하는 것을 이해 못 할 것은 아니다. 우리가 실패를 인정하기 어려운 이유는 자신이 부족하다는 사실을 받아들여야 한다는 부담감과 부정적인 평가로부터 스스로를 보호하려는 방어기제가 무의식적으로 작동하기 때문이다.

하지만 실패를 부정하거나 감추려는 태도는 실패를 통해 배울 수 있는 귀중한 교훈들을 흘려보내는 결과를 초래한다. 만약 부족한 부분이 있어 목표를 달성하는 데 실패했다면 무엇이 부족했는지를 알아야 개선 방안을 찾을 수 있다. 그런데 실패를 부정하기만 하면 어떤 교훈도 얻지 못하고 결국 실패했다는 쓰라린 기억만 남게 된다.

실패를 긍정적인 경험으로 바꾸려면 실패에 이르기까지의 과정을 분석하고 원인을 구체적으로 파악해야 한다. 이때 '두루뭉술한 짐작'이나 '꿈보다 해몽' 같은 과도한 의미 부여는 지양해야 한다. 회피하고 싶은 마음이 굴뚝같더라도 실패의 원인을 분석하고 그 안에서 새로운 통찰을 얻어야 한다. 그 과정을 거쳐야 같은 실수를 반복하지 않을 수 있고 비로소 실패를 긍정적인 경험으로 바꿀 수 있다.

실패의 원인을 파악하고 개선 방안을 찾는 것은 실패를 가장 유용하게 활용하는 방법이다. 따라서 내가 부족해서 일이 잘 안 됐다, 하고 생각하기보다는 이번 실패로 나는 더 나은 방향으로 나아갈 수 있다, 라고 생각하는 편이 훨씬 유익하다.

실패를 긍정적으로 재해석하는 방법도 유용하다. 이 방법의 핵심은 실패 자체를 배우는 과정의 일부로 보는 것이다. 성공한 사람들이 하는 이야기를 들어 보면 그들 중 대다수가 단 한 번의 시도로 목표를 달성한 적이 거의 없다. 오히려 수없이 많은 실패를 경험하고 그 실패를 디딤돌 삼아 성장을 거듭했다. 예를 들어 전구를 발명한 에디슨은 수천 번의 실패를 겪었고 그는 실패할 때마다 이렇게 말했다고 한다.

"나는 실패한 것이 아니라 전구를 만들 수 없는 1,000가지 방법을 발견한 것이다."

실패를 바라보는 그의 신박한 관점은 실패는 부정되어야 할 대상이 아니라 목표를 달성할 때까지 성공 가능성을 높여 주는 유용한 도구라는 것을 알려 준다. 물론 큰 실패를 경험했다면 다시 도전하는 것이 쉽지 않을 수 있다. 그럴 때는 작은 성취를 달성해 가며 성공 경험을 늘려 가는 것도 좋은 방법이다. 몇 번의 작은 성공을 거두고 나면 다시 큰 목표에 도전할 수 있는 힘이 생길 것이고 이때 실패 속에서 건져 올린 깨달음이나 통찰을 활용한다면 말 그대로 금상첨화다.

실패를 부끄러워하지 않고 있는 그대로 드러내는 것은 용기가 필요한 일이다. 하지만 그 과정을 거치고 나면 실패는 더는 아픈 기억이 아니라 성장의 증거가 될 수 있다. 또한 다른 사람들과 실패를 분석하고 개선 방안을 찾는 과정에서 주고받는 피드백은 다음 도전을 준비할 때 매우 가치 있게 활용될 수 있다.

성공의 반대말을 실패라고 생각할 수 있지만 사실 성공과 실패는 서로 대립하는 개념이 아니다. 실패는 성공을 향해 나아갈 때 거쳐야 하는 필연적인 과정이며, 실패를 통해 우리는 더 나은 방법과 다방면으로 활용할 수 있는 노하우를 얻을 수 있다.

자기 계발서에 너무나 많이 나오는 말이지만 성공한 사람들은 실패를 두려워하지 않는다. 설사 실패를 거듭하더라도 그 경험 안에서 배울 점을 찾고 개선시켜 나가는 것이 목표를 달성한 사람들의 공통점이다. 실패를 부정하고 원인을 외부 탓으로 돌리며 회피하려고 하면 그 사람에게는 어떠한 성장도, 발전도 없다. 성공은 실패를 반복하되 그 과정에서 배운 것을 바탕으로 성장 마일리지를 쌓은 사람에게 주어지는 것이다.

실패를 좋은 경험으로 만들고 싶다면 열린 마음으로 실패 자체를 직시하고 성장의 기회로 삼으려는 자세가 중요하다. 실패를 두려워하지 않을수록 성공 가능성이 높아지며 이 요건을 갖춘 사람만이 진정으로 자신이 원하는 삶에 도달할 수 있다.

실패는 누구도 피할 수 없는 삶의 일부분이다. 하지만 그것을 어떻게 활용할 것인지는 우리가 결정할 수 있다. 그 선택에 따라 실패는 좌절의 이유가 될 수도, 성공의 발판이 될 수도 있다. 실패를 인정하고, 분석하며, 긍정적으로 재해석하는 태도는 실패를 좋은 경험으로 만드는 데 꼭 필요한 핵심 조건이다.

어차피 피할 수 없는 것이라면 실패를 두려워하지 말고 나에게 도움이 되는 방향으로 활용하자. 넘어졌다고 해서 계속 그 상태로 있으면 말 그대로 실패는 실패로 남는다. 하지만 실패를 직시하고 원인을 분석하며 개선 방안을 찾으면 우리는 실패를 한 발짝 도약하는 데 필요한 디딤돌로 쓸 수 있다.

실패를 통해 우리는 스스로를 더 깊이 이해할 수 있는 기회를 얻고, 더 나은 선택을 할 수 있으며 그것은 결과적으로 우리를 더 나은 사람으로 만들어 줄 것이다. 그러니 실패를 활용하는 방법을 배우자. 실패를 실패로 남겨 두지 않으면 실패는 끝이 아니라 또 다른 시작점이 된다.

일이
잘되기 위한 조건

우리는 살아가면서 수없이 많은 계획을 세운다. 학창 시절에는 시험을 준비하고, 성인이 되어서는 직장에서 프로젝트를 준비하거나 사업 아이템을 구상한다. 일상적으로는 운동 루틴을 짜거나 하루하루의 일정을 정리하는 것도 우리가 인생을 살아가면서 세우는 수많은 계획 중 일부다.

그런데 이 계획들의 면면을 자세히 들여다보면 나를 위한 것일 때가 많다. 시험 계획을 세우는 것도 시험을 잘 보기 위한 것이고, 사업 아이템을 구상하는 것도 돈을 벌기 위한 것이다. 사실 무엇인가를 이루기 위해 계획을 짜는 건 지극히 당연하고 자연스러운 일이다. 그런데 때로는 이 계획이라는 것에 다소 속이 보이는 의도가 얹어질 때가 있다. 그럴 때 우리는 실망하고 좌절하기 쉽다.

예를 들어 지금 하고 있는 이 일이 나를 어떻게 잘되게 해 줄까, 라는 생각을 하고 있다고 치자. 그럴 때 우리의 마음속에는 기대감이 싹트고 있지만 이런 마음을 먹고 진행하는 일치고 생각대로 되는 일은 별로 없다. 내가 의도하는 대로, 내가 원하는 시점에, 원하는 방식대로 잘되는 세상일은 흔치 않다는 뜻이다.

일이 잘되기 위해서는 여러 조건이 맞아야 하는데 그것이 니의 바람과는 아무런 접점이 없을 때가 많은 것이 세상사다. 그러니까 무엇인가 얻고자 한다면 그 일이 이루어지는 시기나 방식 등에 대한 생각은 내려놓고 묵묵히 내가 해야 하는 일을 하며 때를 기다리는 편이 훨씬 현명하다.

한때 나는 무엇인가를 결정하거나 선택할 때 이런 생각을 많이 했다.

"이 일을 하면 나한테 득이 될까?"

"이 일이 어떻게 나를 잘되게 해 줄까?"

하지만 돌아보면, 내가 기대했던 대로 결과가 나온 적은 거의 없었다. 대부분 내가 생각했던 방향과는 다르게 흘러갔는데 그 이유는 아직 때가 무르익지 않아서이기도 했고 결과에 대한 과도한 기대나 집착이 내 발목을 잡았던 듯싶다.

사실 세상일이라는 게 내가 짠 계획대로만 흘러가지 않는다는 건 많은 사람들이 잘 알고 있다. 하지만 우리는 종종 이 진리를 잊는다. 특히 나와 관련된 일일수록 나는 다를 거야, 라는 생각을 하게 된다.

우리가 인생을 살면서 세우는 계획을 나침반에 비유하면 아무리 나침반이 정확한 방향을 알려 준다고 해도 인생이라는 항해 길에서는 예측할 수 없는 바람과 파도의 영향을 받기 마련이다. 그러다 보면 배는 계획했던 방향과는 다르게 흘러갈 수 있다. 우리가 아무리 세세하게 계획을 세운다 한들 그 계획은 세상이 던지는 변수 앞에서 무용지물이 되기 십상이다.

대다수의 사람들과 마찬가지로 세상일이라는 게 내가 짠 계획대로 진행되지 않는다는 걸 나는 여러 번 절감했다. 그럴 때마다 스스로에게 물었다. 대체 나는 그 계획이 먹힐 거라는 생각을 왜 했을까? 왜 내가 바라던 대로 되지 않았을까? 어디서부터 일이 틀어진 걸까? 지금 와서 생각해 보면 내가 바라던 그 방식이 지나치게 순진하고 자기중심적이었던 것 같다. 다른 사람들은 잘 안 됐어도 나는 다를 거라고 생각하는 그 자체가 너무나 안이한 태도였다.

우리는 인생을 살면서 원하는 것을 얻기 위해 많은 노력을 한다. 그런데 단기간에 비약적인 성장을 이룬 나라라서 그런지 당장 눈에 보이는, 가시적인 성과만 중시하는 경향이 있다. 게다가 속도까지 빨라야 하니 우리가 노력하는 과정보다 결과만 중시하게 된 것도 따지고 보면 그럴만 했겠다, 라는 생각도 든다.

하지만 결과는 언제나 불확실하다. 아무리 모든 것을 철저하게 준비했더라도 내가 계획한 틀 안에서 돌아가는 일은 거의 없다. 예상하지 못한 변수가 발생할 확률이 얼마든지 있는 것이다. 심지어 그 변수는 우리가 아무리 노력해도 통제 불가능할 때가 더 많다.

그럼 일이 잘 풀리려면 어떤 조건이 충족되어야 할까? 사실 그 조건은 내가 맞추는 것이 아니다. 우리가 할 수 있는 것은 필요하다고 생각하는 일들을 묵묵히 하는 것이다. 그러다 보면 적당한 때에 모든 조건이 맞아 떨어져서 좋은 일이 일어난다. 중요한 건 그때까지 내가 버티느냐 못 버티느냐의 차이다.

　뉴진스님이 잘될 수 있었던 이유 역시 적당한 때와 필요한 조건이 맞아 떨어졌기 때문이다. 만약 내가 지금 20~30대였다면 스님 캐릭터가 어울리지 않았을 것이다. 또한 기혼이었다면 그 역시 매칭이 잘되지 않았을 것이다. 무엇보다 디제잉을 미리 배워 두지 않았다면 적당한 때와 조건이 갖춰졌어도 지금 같은 행운을 잡을 수 없었을 것이다.

　어떤 일을 할 때 이 일을 하면 내가 더 잘될 수 있을까, 라는 생각을 하는 건 얼마든지 할 수 있다. 하지만 내가 원하는 때, 원하는 방식으로 일이 착착 진행되기를 바라는 건 무리일 때가 더 많다. 세상은 우리가 바라는 대로 흘러가기에는 돌발 변수가 굉장히 많은 곳이다. 그렇다고 실망하거나 좌절할 일은 아니라고 본다. 내 마음처럼 일이 풀리지 않더라도 우리는 언제나 새로운 기회를 발견할 수 있고 기대하지 않았던 뜻밖의 즐거움을 누릴 수 있다.

　결국 '일이 잘되기 위한 조건'은 목표한 바를 이루기 위해 나에게 필요한 자질과 역량을 갖추고 적당한 때에 모든 조건이 잘 맞아 떨어질 때까지 발휘하는 끈기와 인내심이다. 이런 저런 변수에도 흔들리지 않고 끝까지 포기하지만 않으면 모든 요건이 딱 맞아 떨어지는 순간은 반드시 온다. 그러니 너무 조급하게 생각하지 않고, 남들이 정한 기준에 지나치게 얽매이지도 말자. 자신만의 속도로 갖춰야 할 것을 준비하다 보면 우리는 더 풍요로운 삶을 살 수 있을 것이다.

'계획'을 중심에 두고 생각해 보면 우리의 삶이란 수많은 계획과 변수의 충돌 속에서 결과가 나오고 우리는 그 틈 사이에서 성장하고 발전하고 있다. 그러니 크고 작은 변수를 잘 넘어 계획했던 바를 이룰 때까지 잘 버티기를 바란다. 그렇게 필요한 조건들이 갖춰지고 적당한 때가 무르익으면 인생이 바뀔 만한 행운이 다가올 것이다.

8장 ❀ 모든 일에는 알맞은 때가 있다

기다림의
미덕

인생을 살다 보면 모든 일이 내 뜻대로 흘러가지 않는다는 걸 알 수밖에 없다. 아무리 애써도 되는 일이 없고 기다려도 원하는 결과가 나지 않을 때 우리는 실망하면서 좌절감에 사로잡힌다. 하지만 시간이 지나고 나면 깨닫는 것이 있다. 모든 일에는 그 일이 일어나기에 좋은 알맞은 때가 있다는 사실이다.

어린 시절 빨리 꽃이 피는 모습을 보고 싶어서 아직 봉오리 상태의 꽃을 억지로 손으로 벌려 본 적이 있다. 결과는 처참했다. 봉오리를 억지로 벌린 꽃은 제대로 피지 못하고 망가져 버렸다. 사실 그때는 미처 알지 못했다. 꽃이 피는 데는 시간이 필요하다는걸. 나이를 먹고 보니 인생도 마찬가지였다. 어떤 일이든 때가 있고 그때가 무르익기를 기다려야 했다.

억지로 밀어붙인다고 해서 좋은 결과가 나올 일은 애초에 없다. 모든 일은 그에 맞는 순리가 있고 일이 잘 풀리지 않을수록 더 많이 노력하고 인내해야 한다. 우리가 그런 끈기를 배운다면 더 큰 것을 얻을 수 있지만 조급함은 일을 망칠 때가 더 많은 법이다.

자연을 보면 모든 만물이 자신의 때에 맞춰 꽃을 피우고 열매를 맺는다. 봄에 피는 꽃이 겨울에는 피지 않듯, 세상사도 마찬가지다. 씨를 심는 계절이 있고, 가꾸는 시간이 있으며, 수확하는 때가 있다. 계절의 변화에 따른 자연의 순리가 있듯이 인생 역시 마찬가지다. 각자 꽃피고 열매 맺는 시기가 다르다. 하지만 우리는 그 사실을 너무 쉽게 잊어버린다.

긴 겨울이 지나고 공기에서 포근한 온기가 느껴질 때 심술을 부리며 방문하는 불청객이 있다. 바로 꽃샘추위다. 따뜻한 봄을 기다리던 사람들은 한겨울보다 그 잠깐의 꽃샘추위를 더 못 견디기도 한다. 그러면서 봄이 너무 더디 온다고 불평하다 마침내 만물이 소생하는 봄이 오면 그 따뜻함을 느끼며 움츠리고 있던 몸을 활짝 편다. 인생을 살면서 우리가 기다리는 순간도 그렇게 온다. 겪을 일은 겪고 때가 되어야 그동안 인내하며 기다린 보상을 받을 수 있다.

물론 그 기다림의 시간이 마냥 좋을 수만은 없다. 더구나 현대 사회에서는 뭐든지 빠른 것을 선호한다. 인터넷 속도는 더 빨라졌고, 음식도 더 빠르게 배달되며, 택배는 몇 시간이면 집 앞에 도착한다. 이런 세상에서 기다림은 조금은 낡은 미덕처럼 보이기도 한다. 하지만 중요한 일일수록 기다림의 가치는 더욱 커지는 법이다.

사람의 인생을 나무에 비유하면 막 태어났을 때는 씨앗 상태다. 이제 세상에 갓 나온 아이가 자라려면 시간이 필요하듯 씨앗을 심고 바로 열매를 기대할 수는 없는 일이다. 물을 주고 햇볕을 받으며 성장할 시간을 줘야 한다. 우리가 살면서 해결하는 많은 일도 마찬가지다. 갓난아이가 하루아침에 자랄 수는 없듯이 중요한 것은 지금 당장 원하는 결과를 얻는 것이 아니다. 그 결과를 맞이할 만한 수고를 했고 준비가 되어 있느냐가 핵심이다.

안타깝게도 우리는 그 알맞은 때가 언제인지 알 수 없기 때문에 흔들리고 불안해하며 때로는 포기하고 싶어지기도 한다. 하지만 기다림의 시간을 버텨 내면 우리는 더 단단해질 수 있다. 여기서 중요한 건 단순히 시간이 흐른다고 내 바람이 미래가 되는 것이 아니라는 점이다. 내가 원하는 바를 이루려면 그 시간 동안 성장하고 준비되어 있어야 한다.

사실 모든 것이 내가 원하는 순간에 이루어질 수도 없지만 설사 그렇게 된다고 하더라도 그것은 기뻐할 일이 아니다. 기다리고 인내한 끝에 얻은 것이 아니라 쉽게 원하는 시간에 얻어진 것은 그 가치를 제대로 알기 어렵다. 기다리는 시간 동안 우리는 그 일이 왜 중요한지, 내가 얼마나 간절히 바라는지를 돌아볼 수 있고 마침내 때가 다다랐을 때 비로소 원하는 것을 얻은 기쁨을 누릴 수 있다.

모든 일에는 알맞은 때가 있는 법이다. 그때가 오기 전까지는 아무리 애를 써도 일이 풀리지 않을 수 있다. 하지만 조급해하지 않고 기다리면 우리는 기다린 만큼 성취감을 얻을 수 있다. 또한 그 기다림의 시간은 우리를 성장시키고 더 나은 미래를 준비할 수 있도록 안내해 줄 것이다.

때로는 계획이 어그러진 것 같고, 세상이 나의 간절한 바람을 끝까지 외면할 것처럼 느낄 수도 있다. 하지만 내가 원하는 것이 순리에 어긋나지 않는다면 기다려라. 모든 일에는 알맞은 때가 있으니 그때가 오면 모든 것이 제자리를 찾아가고 원하는 바를 이룰 수 있을 것이다. 그 순간을 위해 우리는 기다림의 미덕을 갖출 필요가 있다.

기다리는 방법을 배워야 하는 또 다른 이유는 그 시간 동안 소중함을 깨달을 수 있기 때문이다. 만약 모든 것이 즉각적으로 이루어진다면 그 결과가 얼마나 의미 있을까? 내 경우 그다지 큰 의미로 다가오지는 않을 것 같다. 그래서 애쓰고 기다린 시간만큼 더 의미 있고 소중해지는 거라고 생각한다.

또한 기다림은 우리에게 인격적 성숙을 안겨 준다. 무엇인가 중요한 결정을 해야 할 때 충분히 기다리고 숙고할수록 우리는 더 나은 선택을 할 수 있다. 특히 흥분 상태일수록 기다림은 그 가치를 더한다. 감정이 격해져 있을 때 즉흥적으로 행동하기 쉽지만 그때 한 박자 쉬어가며 기다린다면 우리는 더 평화롭게 문제를 해결할 수 있다. 즉 기다림은 시간을 낭비하는 것이 아니라 시간을 깊이 있게 사용하는 방법이다.

사람은 누구나 자신을 다그치고 재촉하는 사람보다 시간을 주고 기다려 주는 사람을 더 좋아하기 마련이다. 그래서 기다림은 때로 사람과 사람 사이의 관계를 더 풍성하게 한다. 나를 기다려 준다는 것은 그만큼 나를 신뢰한다는 의미이기도 하다. 신뢰가 기반이 된 관계에서는 기다림의 미덕이 훨씬 가치 있게 쓰일 수 있다. 기다리는 시간 동안 서로를 이해하는 폭도 공감할 수 있는 여지도 더 넓어지기 때문이다.

또한 기다림은 불확실성 속에서도 희망을 놓지 않는 용기의 다른 이름이기도 하다. 미래에 대한 확신이 없는 상태에서도 오늘을 살아가게 하는 힘은 기다릴 줄 아는 데서 비롯된다. 기다림 속에서 우리는 인내를 배우고, 인내는 우리를 더 강하게 만들어 준다. 결국 기다림은 삶을 강인하게 바라볼 수 있는 능력을 우리에게 선사해 준다. 그러니 때가 되면 모든 것이 이루어진다는 믿음을 갖고 견뎌야 하면 견디고 기다려야 하면 기다려 보자. 그럼 반드시 더 나은 내일을 맞이할 수 있을 것이다.

운칠기삼에 대한
단상

　남들은 한 번 하면 될 일을 열 번은 해야 되는 사람이 있다. 보통 사람의 관점에서 보면 너무 힘들게 사는 것 같지만 사실 그렇게 열 번을 하는 동안 그 사람은 자신만의 기초 체력을 쌓고 있는 것이다. 그것이 유용한 이유는 반복하는 만큼 기초가 쌓이고 그러면 나중에 좋은 운이 들어올 때 일이 잘되게 하는 밑거름이 돼 주기 때문이다. 즉 더디다고 자책할 것이 아니라 얼마든지 좋은 쪽으로 생각할 수 있다.

　나는 어떤 일이든 기본적으로 '운칠기삼(運七技三)'의 법칙이 적용된다고 생각한다. 운칠기삼이란 목표를 세우고 그것을 달성하려면 운이 7할, 능력은 3할이 필요하다는 뜻이다. 그럼 이렇게 묻는 사람도 있을 것이다.

　"단지 운이 따르지 않아서 원하는 걸 얻지 못한다는 거 너무 가혹하지 않아요?"

여기서 중요한 것은 운은 누구한테나 한 번씩은 온다는 점이다. 그 운이 왔을 때 내가 얼마나 준비되어 있고 그래서 좋은 운을 얼마만큼 잘 맞이하느냐가 결과를 판가름한다. 운이 따라도 그것을 잡을 줄 모르면 그냥 흘려보낼 수밖에 없다. 성공한 사람들은 남보다 운이 좋아서가 아니라 자기에게 주어진 운을 잘 활용했기 때문에 남들이 부러워하는 성취를 이룬 것이다. 즉 그들은 자신의 운을 자신이 만들어서 잡은 사람들이다.

사실 나 역시 처음에는 운칠기삼이라는 말에 조금은 허탈한 마음이 들었다. 내가 아무리 열심히 해도, 결국 운이라는 불가항력적인 요소에 따라 인생의 결괏값이 결정된다는 뜻으로 들렸다. 하지만 살다 보니 이 말의 의미를 점차 이해하게 되었다. 운은 고정된 것이 아니며 누구나 좋은 운이 들어오는 시기가 있다는 점은 나를 고무시켰다.

이후 사회에 발을 내딛으면서 나는 운과 정면으로 마주하게 되었다. 그때 내가 마주한 운은 단순히 '좋은 운'으로 정의될 수 있는 성질의 것이 아니었다. 운에는 너무나 예측하기 어려운 변동성이 내재되어 있었고 그 변수를 극복하기 위해 내가 할 수 있는 유일한 것은 끊임없이 준비하며 실력을 갈고 닦는 일이었다. 언제 올지 알 수 없지만 좋은 운을 잘 맞이하려면 내가 준비되어 있는 것 외에 다른 뾰족한 수가 없다고 생각했다.

그런데 희한한 것은 내가 전혀 기대하지 않았던 곳에서 뜻밖의 기회를 얻기도 했다는 점이다. 특별한 생각 없이 할 수 있는 걸 했을 뿐인데 예상하지 못한 반응이 올라오면서 일이 잘 풀렸고 그것이 계기가 되어 계획에는 없었던 새로운 길이 열리기도 했다. 뉴진스님 역시 그런 경우에 해당한다. 여러 가지 요소들이 잘 맞아떨어진 시기에 마침 좋은 운이 들어왔고 내가 준비되어 있었기에 좋은 결과를 낼 수 있었던 것 같다.

그때 운칠기삼이라는 말의 의미를 새삼 다시 생각해 보게 되었는데 물론 내 노력은 분명 중요했지만, 그것만으로는 설명하기 어려운 여러 우연들이 있었다. 여러 우연들이란 우리가 살아가면서 통제할 수 없는 영역에 속한다. 나는 그것을 운이라고 생각한다.

이때 중요한 것은 그 운을 어떻게 받아들이냐에 따라 결괏값이 달라진다는 점이다. 여기에는 운 자체는 사람이 인위적으로 만들어 내기 어려우나 그것을 어떻게 받아들이느냐는 얼마든지 선택할 수 있다는 핵심 개념이 담겨 있다. 즉 좋은 운이 들어왔을 때 그것을 어떻게 활용하고 어느 정도의 결괏값을 낼 것인지는 내가 만들어 낼 수 있다.

따라서 운칠기삼의 원리를 인정하는 것은, 단순히 '운에 맡기자'는 체념이 아니다. 오히려 우리가 통제할 수 없는 것과 통제할 수 있는 것을 구분하고, 최대치를 이끌어내자는 적극적이고 능동적인 자세이다.

변동성이 큰 운은 무작위로 찾아오지만 언제 오든 내가 잘 준비되어 있다면 얼마든지 기회를 잡을 수 있다. 이때 준비와 노력은 운이 우리를 스쳐 지나가지 않고, 의미 있는 성과를 낼 수 있게 만들어 주는 통로다. 기회는 왔는데 내가 준비되어 있지 않다면 그것은 그저 스쳐 지나가는 바람에 지나지 않을 것이다.

운은 우리가 통제할 수 없는 영역에 속하기 때문에, 그것만 맹목적으로 기다리거나 지나치게 의존하는 행위에는 번아웃을 가져올 위험성이 있다. 즉 좋은 운이 언제 들어 올지에만 신경을 쓰기보다 운이 들어올 때까지 준비하고 대비하는 일에도 집중하고 신경 쓰는 자세가 중요하다. 우리가 할 수 있는 것과 할 수 없는 것의 경계를 아는 지혜가 필요한 것이다.

운이 좋고 내가 잘 준비되어 있을 때는 원하는 성과를 얻을 수 있는데 반대로 운이 나쁜 시기라고 얻을 수 있는 것이 아무것도 없는 것은 아니다. 오히려 운이 나쁠 때는 지금 나한테 무엇이 부족하고 앞으로 무엇을 채워야 하는지 배울 수 있다는 측면에선 더 유익하다. 실패에서 배운 교훈은 운과 노력이 어떻게 엮여 의미 있는 결과를 만들어 내는지 보다 더 본질적인 측면을 보여 준다.

즉 운만 따른다고 만사가 해결되는 것이 아니며 좋은 운을 잘 맞이하기 위해 준비하는 노력이 더해질 때 우리는 때가 되어 들어온 좋은 운을 최대치로 활용할 수 있게 된다. 이때 노력하는 과정에서 실패는 필수 옵션처럼 따라붙기 마련이며 우리는 실패 속에서 배운 교훈을 차곡차곡 쌓아가며 좋은 운이 들어올 때를 대비해 잘 준비하고 있으면 된다.

운칠기삼(運七技三)이라는 말은 단순하게 생각하면 불공평하게 들릴 수 있다. 하지만 운과 노력의 상관관계를 깊이 있게 이해하고 올바르게 활용하는 방법을 배우고 익힐 때 우리는 기대 이상의 행운을 잡을 수 있다.

좋은 운이 들어올 때를 대비해 미리 준비하는 노력의 가치를 높이 사되 운의 가치와 역할을 인정하고 받아들이면 똑같은 운의 크기라도 우리는 다가온 기회를 최대치로 활용할 수 있다. 이것이 가능할 때 우리는 운이라는 변수에 휘둘리지 않을 수 있으며 오히려 운을 활용하는 지혜를 가질 수 있다.

운이 7할, 노력이 3할이라고 했지만 나는 노력의 가치를 여전히 신뢰한다. 그러면서도 변덕스러운 운을 부담스러워하거나 두려워하지 않으며 운이 좋든 나쁘든 그 안에서 얻어갈 수 있는 것을 최대한 얻어 내는 게 나한테는 더 중요하다. 따라서 운이라는 변수에 지나치게 연연해하지 않고 노력을 통해 원하는 것을 얻고 싶다면 운칠기삼의 참뜻을 삶에 잘 적용해 보길 바란다. 그러면 수고하고 노력한 만큼 타고난 복록을 온전히 누릴 수 있을 것이다.

9장

하늘이 사람을
돕는 방법

시간은
가장 훌륭한 치료제다

산스크리트어로 시간을 '칼라(kala)'라고 한다. 이것은 동시에 죽음을 의미한다. 그래서 시간은 존재하는 모든 것을 소멸시킨다는 뜻도 지니고 있다. 앞에서 세상에 영원한 것은 없고 모든 것은 변한다고 했는데 시간 앞에서도 변하지 않는 것은 없다. 그래서 나는 아픈 기억 때문에 마음의 상처를 갖게 된 누군가에게 시간이야말로 가장 훌륭한 치료제라고 생각한다. 아무리 큰 고통이어도 시간이 지나면 무뎌지기 때문이다.

사실 상처는 우리 삶에서 떼어 낼 수 없는 일부분이기도 하다. 누구나 살아가며 수없이 넘어지고 부딪히며 크고 작은 상처를 입는다. 그것은 몸에 남는 상처일 수도 있고 마음에 남는 상처일 수도 있다. 그럼 어느 쪽 상처가 더 아프고 힘들까? 두말할 필요도 없이 몸의 상처보다 마음의 상처가 더 오래 남기 마련이다.

자의에 의해서든 타의에 의해서든 사랑하는 사람과 이별한다는 건 슬픈 일이다. 정말 공들인 일에 실패했을 때 느끼는 쓰라림 역시 우리를 버겁게 하는 상처이다. 그럴 때 우리는 이런 생각을 한다.

"이 고통은 언제쯤 끝날까?"

답은 바로 시간에 있다.

시간은 보이지도, 만질 수도 없지만 가장 훌륭한 치료제인 것은 분명하다. 아픔이 너무 뿌리 깊어 나아지지 않을 것 같은 상처에도 시간은 한결같이 치유의 손길을 내밀어 준다. 그렇게 시간은 마음의 통증을 줄여 주고 아픔의 무게를 덜어 준다.

어린 시절 누구나 한 번쯤은 넘어져 무릎이 까지거나 다리를 다쳐 본 적이 있을 것이다. 심하게 넘어질 경우 처음엔 걷는 것조차 힘든데 그때는 어린 마음에 평생 그 상처가 남겠구나, 하는 생각을 할 수 있다. 하지만 시간이 지나면서 그 상처는 아물고, 결국 희미한 흉터로만 남을 것이다. 마음의 상처 역시 마찬가지다. 한창 슬픔에 빠져 있을 때는 시간이 아무것도 해결해 주지 못할 것처럼 보일 수 있다. 하지만 시간이 지나면 결국 깨닫게 될 것이다. 처음에는 견딜 수 없을 것 같은 고통도 서서히 무뎌지고, 언제까지고 상처로만 남을 것 같은 기억도 내 삶의 일부로 받아들여지는 순간이 온다는 것을.

시간은 아픔을 무뎌지게 할 뿐만 아니라, 새로운 가능성을 열어 주기도 한다. 상처로 남은 과거의 기억 속에 머물러 있을 때는 보이지 않던 희망과 기회가 시간이 흐르면서 눈앞에 나타나는 것을 볼 수 있고 그것은 새로운 도전의 출발점이 되기도 한다.

보통 사람들은 치유가 고통을 사라지게 해 준다고 생각한다. 그런데 사실 치유란 고통을 안고도 앞으로 나아갈 수 있는 힘을 주는 일이다. 그런 의미에서 시간은 우리에게 아프지만 한 발짝 나아갈 수 있는 힘을 준다. 그렇게 시간이 지나고 아픔이 무뎌지면 우리는 타인을 더 깊게 이해할 수 있게 되고 그런 과정을 거치며 인격의 성숙을 이룬다. 그때도 시간은 아무런 말을 하지 않지만, 그 안에 담긴 치유의 힘은 우리에게 살아갈 힘을 준다.

그래서 시간은 하늘이 사람을 도울 때 쓰는 가장 강력한 도구가 아닐까 하는 생각을 한다. 특히 시간은 치유 외에도 우리에게 지혜를 깨닫게 해 주기도 한다. 살다 보면 누구나 실패를 경험할 수 있고 그로 인해 좌절할 수 있다.

사람에 따라 다르지만 실패를 유독 뼈아프게 받아들이는 사람도 있다. 그런데 실패한 그 순간에는 하늘이 무너지는 듯한 애통함을 느낄 수도 있지만, 돌아보면 그 경험들이 나를 더 성숙하게 만들어 주었다는 사실을 알 수 있다. 그럴 수 있는 이유는 시간이 그만큼 지났기 때문이다. 시간은 우리의 관점을 바꾸고 새로운 시각을 보여 주며 같은 문제를 보다 넓은 맥락에서 이해할 수 있도록 돕는 역할을 한다.

사실 나는 실패와 고통에는 웬만큼 일가견이 있다고 생각한다. 그래서 실패는 약점을 보완해 주고 더 큰 도전을 준비하게 해 주는 디딤돌 역할을 해 준다는 사실을 잘 알고 있다. 이때 시간의 역할이 아주 중요하다. 당장은 힘들고 고통스러워도 시간이 흐르면 그런 경험조차 내 삶의 일부로 받아들일 수 있게 된다. 그럴 수 있는 가장 큰 이유는 시간이 지나면 여유가 생기기 때문이다. 그래서 시간만큼 효과 좋은 치료제도 없는 듯싶다.

물론 시간이 모든 고통을 해결해 주는 만병통치약은 아니다. 도저히 수용할 수 없고 용납할 수 없는 일들 때문에 받은 상처는 아무리 긴 시간이 지나도 말끔히 치유되기 어렵다. 하지만 그럴 때도 시간은 늘 공평하게 치유받을 기회를 우리에게 준다. 그럴 때 시간이 주는 위로를 어떻게 받아들이느냐에 따라 우리 삶의 질은 달라질 수 있다.

시간을 벗 삼아 상처를 치유하기 원한다면, 적극적으로 상처를 마주하고 스스로를 돌보는 노력이 필요하다. 이때 중요한 건 시간의 힘을 믿는 일이다. 아무리 큰 파도도 시간이 지나면 잔잔한 물결로 변하듯, 우리의 상처도 치유받을 수 있다.

시간은 우리의 상처를 보듬어 주고 고통을 내려놓게 해 주며 기억의 틈새에 끼어 미처 발견하지 못했던 교훈을 꺼내 보여 주기도 한다. 설사 시간이 모든 것을 해결해 주지 못한다 하더라도 시간은 우리에게 주어진 가장 큰 축복이자 치유의 도구이다. 상처를 치료하려면 시간이 흘러가기를 기다려야 하는 인내가 필요하지만 시간이 지나면 그 상처를 대하는 우리의 태도와 마음은 얼마든지 달라질 수 있다.

이 책을 읽고 있는 지금 고통스러운 기억에 아파하고 있다면, 시간을 믿고 이 또한 지나갈 거라고 스스로를 위로해 보자. 그 순간에도 시간은 당신을 응원하고 지지해 줄 것이다. 물론 시간이 모든 것을 바로잡아 줄 수는 없지만, 고통을 무뎌지게 하고, 새로운 길을 열어 주는 호의를 베풀 것이다. 그렇게 또 시간이 지나면 결국 시간이 가장 훌륭한 치료제라는 사실을 알 수 있을 것이다.

낯선 사람의
도움을 받았다면

어느 날 예상하지 못한 순간에 낯선 사람에게서 꼭 필요한 도움을 받았다고 생각해 보자. 가령 등산을 하러 갔다가 길을 잃고 헤매는데 마침 지나가는 이가 있어 무사히 하산할 수 있었다고 하면 충분히 이런 생각을 할 수 있다.

"정말 하늘이 도왔어. 어쩌면 그 사람은 신이 보낸 사람일지도 몰라."

갑작스러운 사고나 위기 상황에서 낯선 사람이 선뜻 도움의 손길을 내밀어 주거나 힘든 상황에서 따뜻한 위로를 해 준다면 그때는 신이 지나갔다고 생각해도 되지 않을까? 어떤 사람들은 신은 늘 보이지 않는 곳에서 인간을 돕는다고 하지만 어쩌면 우리 곁에 존재할지도 모르는 일이다.

누군가는 낯선 사람의 호의를 받기에는 세상이 너무 각박해졌다고 말하지만 그래도 아직은 살 만한 세상이라고 느끼게 해 주는 선한 사람들의 이야기가 우리 주변에는 많이 있다. 개인적으로 그들의 뒤에는 신이 잠시 머물다 가지 않았을까, 라는 생각을 한다.

잘 알지 못하는 낯선 사람이 나를 도와준다면 그 기억은 좀 더 오래 남는 것 같다. 신기하게도 낯선 사람의 호의를 받으면 나 역시 누군가를 돕고 싶은 마음이 생긴다. 아마 신이 낯선 이를 통해 나를 도왔다면, 나도 다른 사람을 도와야 한다는 생각이 들기 때문인 것 같다.

많은 사람들이 세상은 차갑고 이기적인 곳이라고 생각하지만 우리는 지금도 일명 '인류애'가 충전되는 감동 사연들을 각종 SNS와 커뮤니티 등에서 찾아볼 수 있다. 그 사연 속의 주인공들이 나누는 친절과 호의는 여전히 세상이 따뜻한 온기를 잃지 않았다는 믿음을 갖게 해 준다. 더 의미 있는 건 그 사연 속에 담긴 따뜻함을 또 다른 사람들이 이어가며 세상을 좀 더 나은 곳으로 만든다는 점이다.

그러고 보면 신은 먼 곳에 있는 것이 아니라 우리 곁에 또는 우리 안에 존재하는지도 모르겠다. 그리고 누군가가 베푼 작은 친절은 그저 우연이 아니라 신의 계획일지도 모를 일이다.

언젠가 신은 한 사람 한 사람을 통해 세상에 사랑과 희망의 씨앗을 뿌린다는 글을 본 적이 있다. 그때 신이 사용하는 도구는 엄청나게 거창한 일이 아니라 작고 소박한 친절이라고 한다. 그래서 사소하게 보이더라도 사람과 사람 사이에 오가는 작은 친절들이 사실은 신의 계획을 이루는 퍼즐이 아닐까? 만약 그렇다면 우리가 나누는 작은 친절은 신이 세상에 퍼뜨리는 사랑과 희망의 조각들이고 그 조각들이 모여 큰 그림을 이룰 것이다.

평소 이런 생각을 해서 그런지는 몰라도 낯선 사람의 도움이나 호의를 받으면 마치 신이 왔다 가신 게 아닐까 하는 생각이 들곤 한다. 때로 그 도움은 인생을 바꿀 만큼 큰 영향력을 발휘하기도 하는데 실제로 낯선 사람의 작은 친절이 한 사람의 인생을 바꾼 유명한 사례가 있다. 영화 '행복을 찾아서'의 실제 주인공으로 알려져 있는 크리스 가드너의 이야기다.

그는 젊은 시절, 의료 장비를 파는 세일즈맨으로 일했지만 경제적으로 엄청나게 어려웠다고 한다. 결국 그는 아들과 함께 노숙자 생활을 할 정도로 고난의 시기를 겪게 되는데 그 시기 낯선 사람들의 작은 친절이 그의 삶을 바꾸는 계기가 되었다고 한다. 그중 하나가 한 투자회사 직원과의 만남이었다.

"무슨 일을 하기에 이런 차를 탈 수 있나요?"

당시 지하철역 화장실에서 노숙을 하고 있던 크리스는 값비싼 스포츠카를 운전하는 남성을 보며 물었다. 그 남성은 남루한 차림을 한 흑인인 크리스에게 자신이 주식 중개인이라며 친절하게 답변해 주었고 크리스가 궁금해 하는 것들을 알려 주었다. 이후 그 짧은 대화는 크리스의 인생을 완전히 뒤바꿔 놓게 된다.

그와의 만남을 계기로 크리스는 주식 중개소에서 무보수 인턴으로 일하며 밤에는 노숙자 쉼터에서 아들과 함께 지냈다. 당시 그의 상황은 말그대로 최악이었지만 노숙자 쉼터의 자원봉사자와 크리스와 아들에게 식사를 제공해 주는 사람들 그리고 동료들로부터 받은 작은 친절 덕분에 어려움을 극복할 수 있었다고 한다.

이후 크리스는 치열한 경쟁 끝에 정식 중개인이 되었고 자신의 투자회사를 설립해 큰 성공을 거두기에 이른다. 그러면서도 그는 어려운 시기에 받았던 친절을 잊지 않고 사신을 도와준 사람들과 빈곤층을 돕는 다양한 자선 활동에 힘쓰고 있다.

크리스 가드너의 이야기는 한 사람의 작은 친절이 어떻게 다른 사람의 삶을 변화시키고, 그 변화가 다시 세상에 긍정적인 영향을 미칠 수 있는지를 보여 준다. 크리스의 사례처럼 그저 작은 호의일 뿐이라도 우리가 베푸는 친절은 누군가에게는 희망이 되고 삶을 새롭게 시작하게 하는 계기가 될 수 있다.

가까운 사람을 돕는 일 역시 의미 있고 가치 있다. 하지만 잘 모르는 낯선 이에게 받는 도움은 단순한 우연이 아니라 신이 우리를 돕는 방식일지도 모른다. 그러니 누군가에게 도움을 받을 때 그것이 신의 손길일 수도 있다는 점을 기억하자. 마찬가지로 내가 누군가를 돕는 순간 그것이 신의 손길이 될 수도 있다. 그렇게 사람과 사람 간에 더 많은 친절과 호의가 오가게 되면 그것이 바로 하늘이 사람을 돕는 또 다른 방식이 아닐까 싶다.

버티는 사람에게
복이 있다

삶은 고난의 연속이란 말이 있다. 고통을 이겨 내면 극락으로 갈 수 있다고 했지만 누군가는 고통의 무게에 짓눌려 모든 것을 포기하고 싶은 순간을 맞이하기도 한다. 그 상태까지 밀렸을 때 어떤 심정인지 모르는 바는 아니나 그래도 끝까지 버티는 사람은 결국 복을 받는 걸 나는 살면서 몇 번이나 확인했다. 흔들리고 넘어져도 다시 일어서서 끝까지 버티는 이들에게 하늘은 결국 복을 준다.

유튜브 채널이 해킹당했을 때 잠깐이지만 번아웃이 왔었다. 분명 잠에서 깼는데도 눈뜨기조차 싫을 정도로 무기력함에 시달렸는데 살면서 그렇게까지 멘탈이 무너진 건 처음이었다. 하지만 해 뜨기 직전이 가장 어둡다는 말을 수없이 떠올리며 일단 버티자, 아무것도 못하겠으면 버티기라도 하자, 라는 생각을 했다. 물론 버틴다고 뾰족한 수가 생기는 것은 아니었다. 하지만 언제까지 나쁘지만은 않을 거라고 생각했고 그렇게 실낱같은 희망을 붙잡고 하루하루를 견뎠다. 돌이켜 보면 버티는 것 말고 다른 선택지가 없기도 했다.

그런데 정말 버텨 내니 시간이 지나며 조금씩 상황이 변했다. 마치 하늘에 있는 누군가가 잘 버텼다고 상이라도 주는 것처럼 생각하지도 못한 기회가 찾아왔고 지금은 뉴진스님으로 많은 분들의 넘치는 응원을 받고 있다.

생각해 보면 그때 힘든 시기를 어떻게 해서든 버텨 낸 것이 내가 살면서 한 일 중 가장 잘한 일 아니었나 싶다. 막막하고 두려웠지만 모든 것은 변하기 마련이니 언제까지고 이렇게 힘들지만은 않을 거라고 믿었고 그렇게 버틴 끝에 삶의 또 다른 문을 열 수 있었다.

흔히 버틴다고 하면 고통을 견딘다는 의미로 생각하는데 그것은 일종의 성장 과정이기도 했다. 고통스러워도 버텨 낸 끝에 더 강한 멘탈과 고통을 바라보는 새로운 관점을 배웠기 때문이다.

버틴 사람에게 복이 온다는 말에서 '버틴다'란 단순히 숨만 쉬며 견뎠다는 뜻이 아니다. 버텨 냈다는 건 버틴 시간만큼 성장했고, 기회를 잡을 준비가 되어 있다는 뜻이다. 버티면 복이 온다고 했지만 복은 그저 기다리기만 하는 사람에게 오는 것은 아니다. 고난 속에서도 기회가 왔을 때를 대비하고 준비한 사람이 '버틴 것'이며 그에 대한 보상으로 주어지는 것이 복이다.

어느 해 극심한 가뭄이 들었는데 한 농부가 포기하지 않고 씨앗을 심고 물을 주며 버텼다. 이웃 농부들은 씨앗을 버리고 땅을 떠났지만, 그는 끝까지 자리를 지켰다. 그렇게 버틴 끝에 비가 내렸고 그의 밭에서는 풍성한 곡물이 수확됐다.

가뭄 속에서도 포기하지 않고 씨앗을 심고 물을 주며 버틴 끝에 농부는 풍성한 수확을 거둘 수 있었다. 고난 속에서도 기회가 왔을 때를 대비해 준비한다는 말도 이와 같다. 어쩌면 복은 이런 고집스러운 끈기에서 비롯되는 건지도 모르겠다. 어쨌든 버티는 사람은 다른 사람이 포기해도 희망을 놓지 않는다. 그 희망을 붙잡는 끈기야 말로 복을 부르는 가장 큰 힘이다.

인생을 살면서 포기하고 싶은 순간은 누구에게나 찾아온다. 하지만 그때 우리가 기억해야 할 것은 해피엔딩을 원한다면 버텨야 한다는 것이다. 버틴다는 것은 아픈 것을 무조건 참으라는 말이 아니다. 마음을 다잡고 나아질 미래를 준비하며 기다리는 용기를 발휘하라는 얘기다. 아픔은 표현하면 경감될 수 있다. 하지만 포기는 다르다. 포기는 말 그대로 그만 두는 것이며 그것은 현재의 어떤 문제도 해결해 줄 수 없다.

버티는 동안 가장 중요한 건 곧 다가올 미래를 준비하는 일이다. 장담하건데 그 미래는 분명 현재보다 나을 것이며 그렇게 버티다 보면 다시 앞으로 나아갈 힘을 얻을 수 있을 것이다.

불교에는 윤회 사상이 있지만 지금 나에게 주어진 삶은 한 번밖에 살수 없다. 게임 캐릭터처럼 죽어도 두세 번 연속으로 살아나 같은 판을 다시 할 수 있는 기회는 주어지지 않는다. 더구나 지금 내가 어떤 선택을 하고 결정하느냐가 다음 생에 영향을 미친다면 중도에 포기해 나의 가능성을 꺾는 것보다 최선을 다해 긍정적인 결말을 도출하는 것이 내세를 위해서도 좋지 않을까? 거기까지 생각하기에는 너무 멀다 싶으면 최소한 지금까지 고생한 거에 대한 보상이라도 챙기길 바란다. 그렇게 하려면 아무리 힘들어도 버텨야 한다. 복은 버티는 사람에게 온다.

버티는 사람에게 오는 복은 단순히 행운이나 기회만을 의미하는 것이 아니다. 버텨 보면 알겠지만 그 과정에서 스스로에 대한 믿음 즉 자신감을 얻을 수 있고 내면의 강인함을 다질 수 있다. 이 두 가지를 갖추면 새롭게 시작할 수 있는 가능성의 씨앗을 얻을 수 있을 것이다.

힘들어도 포기하지 않으면 그 길의 끝에는 상상하지도 못했던 절경(絶景)이 기다리고 있을 것이다. 나 역시 그랬다. 책상 밑에 들어가 한없이 작아지기만 했던 내가 불과 1년 뒤 무대 위를 뛰어다니며 쉴 새 없이 공연을 하고 있다.

삶이 우리를 무너뜨리려 할 때 고집스러운 끈기를 발휘해 버텨 보자. 1년 중 밤이 가장 긴 동짓날이라도 결국 아침은 오는 것이 대자연의 섭리인 것처럼 인생에서 아무리 큰 고난이 닥쳐도 결국 끝은 있다.

거센 비바람이 불어 땅이 깎이고 뿌리가 드러나도 뿌리는 여전히 나무를 지탱하고 있다. 그 모습처럼 우리 역시 삶이라는 이름의 나무를 지탱하고 있어야 한다. 비바람이 지나가고 나면 맑게 갠 하늘을 볼 수 있으며 버텨 낸 행위에 대한 보상으로 새로운 복을 받을 것이다. 그러므로 힘들어도 버티길 바란다. 그 끝에는 반드시 복이 있다.

하늘은
스스로 돕는 자를 돕는다

'하늘은 스스로 돕는 자를 돕는다.'

너무 유명한 격언이라 자세히 소개하지 않아도 될 것 같지만 이 말에는 우리에게 꼭 필요한 삶의 진리가 담겨 있다. 인생을 살다 보면 크고 작은 고난과 시련을 겪기 마련인데 그럴 때 어떤 사람들은 외부의 도움을 기다리며 하늘을 탓하고 세상을 원망한다. 하지만 하늘은 스스로 판단하고 결정하며 문제를 해결하기 위해 수고한 사람의 손만 잡아 준다. 스스로 노력해야만 하늘이 도와준다는 뜻이다.

하늘이 사람을 돕는 방식은 사람이 최선을 다해 노력하고 있으면 사람의 힘으로는 어찌할 수 없는 부분을 하늘이 채워 주는 방식으로 이뤄진다. 내가 할 수 있는 최선의 노력이 기본적으로 전제되어야 하늘의 도움을 기대할 수 있다. 이것이 '하늘은 스스로 돕는 자를 돕는다'라는 격언에서 우리가 꼭 배워야 할 부분이다. 즉 하늘의 도움을 얻고 싶다면 최선의 노력을 다해야 한다. 도움 받을 준비가 되어 있지 않으면 아무리 하늘이라도 그 사람을 도울 방법이 없다.

농사를 생각하면 쉽게 이해할 수 있다. 농부는 매년 땅을 갈고, 씨앗을 심고, 비가 오길 기다린다. 그런데 씨앗을 심지 않으면 당연히 비가 내려도 열매를 맺을 수 없다. 즉 농부가 자신의 역할을 다해야 하늘이 비를 내려 열매를 맺게 해 주는 것이다. 우리의 일도 마찬가지다. 농부가 씨앗을 심듯 우리도 할 일을 해야 하늘의 도움을 받을 수 있다.

또한 하늘은 준비된 사람만 돕는다. 아무것도 하지 않으면서 도와주세요, 라고 한들 하늘은 아무것도 해 줄 게 없다. 공중전화에 동전이나 카드를 넣지 않으면 아무리 버튼을 눌러도 통화할 수 없는 것처럼 하늘의 도움을 받고 싶다면 우선 내가 할 수 있고 해야 할 일을 최대치로 해놓고 도움을 청하는 게 맞다. 여러 번 강조했지만 좋은 운이 들어오고 기회가 다가올 때 내가 준비되어 있지 않으면 그 기회는 스쳐 지나갈 뿐이다. 그러니 준비를 단단히 해 놓고 기다리자. 그래야 하늘에 도움을 구할수 있다.

그런데 안타깝게도 어떤 사람들은 어려운 상황에 처하면 좌절하고 포기하면서 하늘을 원망한다. 이것은 '하늘은 스스로 돕는 자를 돕는다'는 말의 뜻을 전혀 모르기 때문이다. 어떤 신앙을 갖고 있든 하늘의 도움을 받고 싶지 않은 사람은 없을 것이다. 그런데 하늘은 기준이 충족되지 않으면 돕지 않는다. 그 기준이란 최선을 다하는 것이다. 아무리 간절하게 기도하고 바란다고 해도 자기 몫을 하지 않으면 하늘의 도움을 기대하기 어렵다.

반면 아무리 절망적인 상황에서도 끝까지 노력하는 사람은 하늘이 반드시 도와준다. 따라서 최선을 다해 내 몫을 해내는 것이 중요하다. 그러면 항상 그 자리에 있는 하늘은 사람이 어찌할 수 없는 부분을 채워 준다.

"노력했는데도 되지 않았어요."

물론 이런 경우도 있을 수 있다. 정말 내가 할 수 있는 최선을 다했는데도 하늘은 나를 도와주지 않는다는 느낌을 받을 수 있다. 노력해도 결과는 늘 제자리이고 아무리 문을 두드려도 열리지 않는다면 사람인 이상 누구나 지치고 절망할 수밖에 없다.

하지만 그 순간에도 하늘은 모든 것을 지켜보고 있다. 그리고 하늘의 도움을 바라는 우리가 조금 더 자신을 믿고 끝까지 버티는 모습을 보고 싶어 한다. 이런 경우는 당연히 버거울 수밖에 없다. 하지만 그럼에도 불구하고 절대 포기하지 않는 근성을 보이는 사람에게 하늘은 반드시 그에 상응하는 보답을 해 준다. 그러므로 하늘의 도움이 간절하다면 더 치열하게 스스로를 돕는 노력을 하길 바란다. 정성스럽게 씨앗을 심고 때맞춰 물을 주고 비가 오기를 기다리는 마음으로 자기 몫을 다할 때 하늘은 기대했던 것보다 훨씬 큰 보상을 해 줄 것이다.

"정말 오랫동안 기다렸는데 하늘은 절대 저를 돕지 않네요."

살다 보면 세상에 믿을 건 오로지 나 하나뿐이라는 생각을 하는 사람을 만날 때가 있다. 그런 사람들은 하늘이 사람을 돕는다는 것도 회의적인 시각으로 바라본다. 자신이 얼마나 큰 '기대'를 가지고 오랫동안 기다렸는지를 어필하며 그럼에도 하늘은 날 돕지 않는다며 냉소적인 반응을 보이기도 한다.

그런데 하늘의 도움은 아무리 오랜 시간을 기다린다고 해도 내가 해야 할 몫을 하지 않으면 바랄 수 없다. 하늘은 간절하게 최선을 다하는 사람을 도와주지 단순히 오래 기다렸다고 손을 내밀어 주지는 않는다. 그래서 우리가 중요하게 생각해야 할 건 하늘이 나를 언제 도와줄까가 아니라 내가 할 수 있는 최선을 다해 하늘의 도움을 받을 수 있을 때까지 준비하는 것이다.

하늘의 도움을 구하면서 기다림 자체에만 몰두해 나에게 주어진 시간을 최대치로 활용하지 못한다면 그 역시 최선을 다했다고는 볼 수 없다. 그러므로 하늘에 시선을 두지 말고 내가 할 수 있는 최대치의 노력을 기울이자. 그러다 보면 어느새 하늘이 내미는 도움의 손길을 잡고 있을 것이다. 우리가 살면서 경험하는 기적처럼 보이는 일은 우리가 들인 노력과 하늘의 도움이 더해져 이루어진 것이다. 그러니 어려운 상황 속에서도 스스로 돕기를 멈추지 말자. 하늘은 결국 그 진심을 알아보고 우리의 편이 되어 줄 테니까.

인간은 태어날 때부터
죽음을 향해 달려가고 있다

죽음과 용기

　오래 전에 선물받은 책에 '인간은 태어날 때부터 죽음을 향해 달려가고 있다'는 구절을 본 적이 있다. 유독 이 글귀가 마음에 와 닿았는데 그래서 그런지 꽤 오랜 시간이 지난 지금까지도 가끔씩 생각이 나곤 한다.

　이 문장을 가만히 곱씹어 보면 인간은 태어남과 동시에 죽음도 예정되어 있다는 사실을 알 수 있다. 하지만 대부분의 사람들이 삶의 끝, 죽음에 대해 그다지 깊게 생각하지 않는다. 막연히 나이를 먹어 때가 되면 맞이하게 되는 숙명 정도로 인식할 뿐 살아가면서 죽음 자체를 진지하게 생각하는 사람은 많지 않다.

　하지만 죽음에 대해 깊게 생각하는 사람도 간간히 있다. 나 역시 그중한 명이다. 사람들은 막연히 죽음이 아주 먼 뒷날의 일이라고 여기지만나는 오는 데는 순서가 있어도 가는 데는 순서가 없다는 말처럼 죽음이란 것은 언제 닥쳐올지 모른다고 생각한다. 그런데 희한한 것은 그런 생각을 할 때마다 용기가 난다는 점이다. 왜 그럴까 곰곰이 생각해 보니 어차피 죽음은 예정되어 있으니 앞일은 너무 걱정하지 말고 사는 동안 즐겁게 행복하게 살자는 쪽으로 생각이 흐르기 때문인 것 같다.

누군가는 죽음에 대해 생각하기에는 나이가 너무 이르다고 할지 모르겠지만 나는 죽음에 대한 깊이 있는 성찰이 오히려 삶의 소중함을 일깨워 준다고 본다. 언제 끝날지 모르는 삶이기 때문에 우리는 지금 이 순간을 더욱 가치 있게 받아들일 수 있다. 그러다 보면 불확실한 미래에 대한 걱정도 내려놓고 오롯이 현재에 충실할 수 있다. 특히 내 경우 죽음에 대해 생각할수록 불안감이나 두려움이 줄어드는 것을 경험했다. 어차피 모든 것이 끝날 텐데 너무 걱정할 필요도, 두려워할 필요도 없겠다 싶었다.

사실 죽음이란 단어가 갖는 부정적인 인식만 걷어 내면 죽음에 대한 깊은 사색은 좀 더 편안하게 삶을 관조할 여유를 주기도 한다. 예전에 죽음에 대해 자주 생각하는 사람은 미래에 대한 부담에서 벗어날 수 있다는 글을 봤는데 정말 그럴 수 있겠다는 생각이 들었다. 본래 미래란 불확실하기 때문에 죽음이 언제 찾아올지 알 수 없다는 사실은 미래를 과도하게 걱정할 이유를 없애 줄 수 있다. 또한 그렇기 때문에 중요한 것은 지금 이 순간이 된다.

장점은 또 있다. 죽음에 대한 생각은 삶을 단순하게 만들어 주기도 한다. 언제 죽음이 찾아올지 알 수 없기 때문에 먼 미래에 대한 계획을 세우기보다는, 지금 내가 할 수 있는 일에 더 집중할 수 있게 해 준다. 이것은 삶의 우선순위를 재정비하게 해 주고 더 진정성 있는 선택을 하도록 돕는 역할을 한다.

　예를 들어, 우리는 미래를 위해 지금 내가 필요로 하는 것을 너무 쉽게 포기하는 경향이 있다. 노후 대비를 위해 필요 이상으로 소비를 제한하는 것 등이 이에 포함된다. 하지만 죽음이 언제 닥칠지 모른다는 사실을 인지하면 '지금'을 사는 것이 더 중요하다고 깨달을 수 있다. 지금 이 순간의 행복을 찾고, 현재의 나를 만족시키는 행위 역시 중요하다는 사실을 알게 되는 것이다.

　죽음은 삶의 끝이지만, 동시에 삶을 다시 시작하게 만드는 원동력이 되기도 한다. 또한 삶이 영원하지 않다는 사실은 우리로 하여금 무엇이든 시도할 수 있게 해 주고 실패해도 괜찮다는 여유를 갖게 해 준다. 결국 모든 것은 유한하기 때문에 그 유한함 안에서는 실패도 두려워할 필요가 없는 것이다.

　또한 죽음은 타인의 시선으로부터 나를 자유롭게 해 준다. 우리나라 사람들은 특히 다른 사람의 평가와 판단에 예민하다. 그러다 보니 남의 시선을 많이 의식하는데 죽음 앞에서는 무의미하다. 어차피 유한한 시간을 함께 살고 있는 상태에서 다른 사람보다 더 잘 사는 게 얼마나 가치가 있을까? 그렇게 생각하면 죽음은 우리가 다른 사람보다 더 나아 보이는 삶을 살고 싶다는 경쟁심을 내려놓게 한다. 대신 우리는 오롯이 내가 중심이 된, 자신만의 삶을 살아갈 자유를 얻을 수 있다.

　이처럼 죽음은 삶이 유한하다는 사실을 상기시켜 주는데 그렇다면 삶은 무엇을 위해 존재하는 걸까? 당연히 이 질문에 대한 답은 개인마다 다르고 정답이 있는 것도 아니다. 그러나 중요한 핵심은 있다. 삶은 죽음이 있기에 그 의미가 더 강렬해진다.

예전에 이런 말을 들은 적이 있다.

"중요한 것은 얼마나 오래 살았느냐가 아니라 얼마나 깊이 있게 살았느냐이다."

여기서 '깊이'란 살아가면서 얼마만큼 현재에 충실하게 몰입했는지 여부를 말한다. 삶의 깊이란 크고 거창한 것이 아니라 우리가 매일 맞이하는 평범한 일상 속에서 어떤 소중함을 발견하고 하루하루를 얼마나 의미 있게 보냈는지에 대한 질문이다. 가족과 함께하는 저녁 식사, 누군가 베푼 호의에 감사하는 마음, 나를 성장시키기 위한 작은 노력 등 어떻게 보면 사소할 수 있지만 우리의 삶을 풍성하게 만들어 주는 것을 얼마나 진정성 있게 느끼며 삶의 의미를 찾았는지가 살아온 시간보다 더 중요하다는 뜻이다. 그런데 이것은 죽음에 대한 인식이 더해질 때 더 큰 가치를 가진다. 즉 삶의 끝에는 죽음이 있고 그로 인해 인간의 삶은 유한성을 가지므로 삶의 매 순간이 더 찬란해진다는 걸 보여 준다.

물론 사람이기 때문에 죽음이 본능적으로 두려울 수 있다. 하지만 죽음은 피할 수도 없고 지극히 자연스러운 현상이다. 또한 우리는 죽음이 있기에 삶을 더 의미 있게 살아갈 수 있기도 하다.

죽음은 삶의 일부다. 자연의 모든 생명체가 그러하듯, 우리는 언젠가 죽음을 맞이한다. 따라서 죽음을 부정하기보다는 그것을 인정하는 것이 죽음을 바라보는 건강한 시선이다. 죽음은 우리가 삶을 깊이 이해할 수 있도록 이끌어 주고 우리가 현재에 집중하고 용기를 내서 자유롭게 살아갈 수 있도록 돕는 역할을 한다.

삶이 죽음을 향해 달려가는 여정이라면, 우리는 그 길 위에서 무엇을 발견할 수 있을까? 죽음의 불가피성을 받아들이고 그 안에서 삶의 아름다움을 발견할 때 우리는 진정한 용기와 자유를 얻게 된다. 그리고 그 용기와 자유 속에서 우리는 주어진 삶을 온전히 살아갈 수 있다.

미래에 무관심해지면
편하다

사람은 누구나 미래의 일을 궁금해 하지만 아직 오지 않은 미래를 정확히 알 수 있는 사람은 없다. 따라서 완벽하게 계획을 세울 수도 없는 불확실한 영역이 바로 미래다. 그런데 우리는 종종 미래를 걱정하며 시간을 흘려보낸다. 나 역시 그럴 때가 있는데 그러면 의식적으로 미래에 대해 무관심해지려고 한다. 그 편이 훨씬 편안하고 여유 있는 삶을 살 수 있다는 사실을 알기 때문이다.

사실 과거의 일을 후회하고 미래의 일을 걱정하는 게 부자연스러운 일은 아니다. 아니 오히려 당연하다면 당연한 반응이다. 하지만 미래의 일을 걱정할 때 머릿속에 떠오르는 그 수많은 일들이 과연 실제로 얼마나 일어날까? 심리학 연구에 따르면 우리가 걱정하는 일 중 약 90%는 현실에서 일어나지 않는다고 한다. 즉 우리가 하는 걱정의 90%는 에너지만 소모시킬 뿐 신경 쓸 만큼 가치 있는 일이 아니라는 뜻이다. 또한

10장 ⊗ 인간은 태어날 때부터 죽음을 향해 달려가고 있다

나머지 10%가 현실이 된다고 해도 아직 일어나지도 않았을 때부터 걱정하며 힘을 빼느니 차라리 일이 벌어지고 난 뒤 해결책을 찾는 데 에너지를 쓰는 것이 더 생산적이다.

지인 중에 모든 것을 철저히 계획하며 사는 사람이 있는데 진로나 경력 등은 말할 것도 없고 심지어 사소한 일상까지도 계획대로 유지하려는 성향이 강하다. 그 지인은 계획표대로 일상이 흘러갈 때 안정감을 느꼈는데 동시에 압박감도 많이 느끼는 듯하다.

"혹시 계획했던 대로 안 되면 어떻게 하지?"

여러 번 이런 말을 했는데 그럴 때마다 불확실한 미래에 집착하는 일은 현재를 희생하는 것과 같다는 격언을 실감했다. 항상 오지 않은 미래의 일을 걱정하고 혹시 모를 변수들을 관리하는 데만 온 신경이 팔려 지금 살고 있는 현재는 제대로 살지 못하고 있다는 생각을 많이 했기 때문이다.

물론 미래에 무관심해진다는 게 말처럼 쉬운 일은 아니다. 어떤 사람들은 미래에 무관심하다는 건 무책임하게 인생을 사는 것과 같다는 말을 하는데 내가 말하고자 하는 것은 그런 것과는 거리가 멀다. 미래에 무관심해지면 편안해진다는 말의 진짜 뜻은 미래보다 현재를 더 중요하게 생각해야 한다는 뜻이다.

즉 아직 오지 않은 시간에 벌어질지도 모르는 일을 걱정하느라 에너지를 낭비할 필요가 없다는 뜻이다. 앞에서 언급한 대로 우리가 지나치게 미래를 걱정하는 것은 집착이며 그것은 결국 현재의 삶을 갉아먹는다. 반면 미래에 대한 걱정을 내려놓으면 지금 이 순간에 더 집중할 수 있다. 미래를 내가 통제할 수 없다는 사실을 받아들이고, 지금 눈앞에 놓인 삶에 더 충실해질 수 있는 뜻이다.

물론 여기서 미래를 '걱정'하는 것과 '준비'하는 것은 구별되어야 한다. 걱정은 일어나지 않을 확률이 압도적으로 높은 상상을 하는 데 에너지를 쓰지 말라는 뜻이고, 준비는 기회가 올 때를 대비해 내게 필요한 능력을 갖추라는 의미다. 그런 면에서 우리는 미래를 준비하며 살아가는 것이 맞다. 하지만 아직 오지 않은 미래가 현재를 지배하는 것은 절대 바람직하지 않다. 예측할 수 없는 미래를 계산하며 걱정하는 대신, 자연스러운 흐름에 맡기고 현재에 집중하는 행위가 더 지혜로운 선택이다.

미래의 일을 미리 걱정하지 않고 무관심해지면 '지금'이라는 소중한 시간을 더 잘 누릴 수 있고 그것은 결과적으로 삶의 진정한 행복을 발견하게 해 준다. 결국 미래는 우리가 현재를 어떻게 살았느냐에 따라 자연스럽게 만들어지는 것이다.

대다수의 사람들이 인생의 방향을 정하고 목표를 세우지만 그것은 미래를 걱정하는 것이 아니라 준비하는 것이며 이때 세우는 건강한 목표는 삶을 이끄는 나침반과도 같다. 다만 목표에 지나치게 집착하면 오히려 길을 잃을 수도 있고 일이 뜻대로 되지 않을 경우 좌절에 사로잡히기도 쉽다. 이럴 때 필요한 건 물 흐르듯 흘러가는 삶을 사는 방법을 배우는 것이다. 이것은 삶의 목표를 놓아 버리라는 의미가 아니라 목표를 바라보되 지금 이 순간을 살아가는 방법을 배우라는 뜻이다.

흘러가며 산다는 건 또한 유연함을 배우는 것과 같다. 물길 따라 흘러가는 강물처럼 인생을 살다 보면 설사 계획대로 되지 않더라도 그것은 곧 새로운 기회가 다가온다는 신호일 수 있다는 걸 아는 지혜가 생긴다.

강물은 억지로 나아가려고 애쓰지 않고 높은 곳에서 낮은 곳으로, 장애물이 있으면 돌아서 흘러간다. 그러곤 결국 바다와 만난다. 강물이 억지로 나아가지 않은 건 자신의 최종 목적지를 잊었기 때문이 아니라, 바다라는 목표를 향해 유연하게 나아가는 방법을 택했기 때문이다.

우리 역시 강물처럼 물 흐르듯 자연스럽게 살아갈 수 있다. 당연히 미래에 이루고자 하는 목표는 있지만, 그 목표에 사로잡혀 현재를 희생하는 것이 아니라 장애물을 만나면 돌아가는 강물처럼 살아가는 동안 눈앞에 펼쳐지는 삶의 다양한 풍경들을 즐길 때 우리는 오롯이 현재를 살면서 미래를 준비할 수 있다.

물길 따라 강물이 흐르듯 우리네 삶도 시간이란 길 안에서 흘러가는 강물과도 같다. 그 여정에서 매순간 목표만 바라보기보다는 주변 풍경과 강물의 온도를 느껴가며 내게 주어진 오늘을 충실히 살아 내면 어떨까? 그 풍성한 경험이 우리를 성장 및 발전시키면서 앞으로 나아가게 하는 진짜 힘이 될 것이고 그렇게 살다 보면 우리가 닿을 삶의 목적지는 기대했던 것보다 더 풍요롭고 아름다운 곳일지도 모른다.

죽음은
공평하다

조금은 슬픈 말이지만 세상은 공평할 때보다 불공평할 때가 더 많다. 그리고 우리 삶의 조건 역시 공평하지 않다. 하지만 삶의 끝에 다다르면 누구도 피해갈 수 없는 공평한 것이 있다. 바로 죽음이다. 죽음은 누구에게나 어떤 예외도 없이 찾아온다.

남자와 여자, 부자와 가난한 자 등 삶의 조건들은 다 다르지만 사람이라면 누구도 죽음을 피해갈 수 없고 그것은 생전에 어떤 차이가 있었든 죽음 앞에서는 아무런 의미를 지니지 못한다는 것을 뜻한다.

돈, 명예, 사랑, 추억 등 사람이 인생을 살아가며 쌓은 수많은 것들도 마찬가지다. 죽음 앞에서는 어떤 것도 내려놓아야 한다. 아무리 많은 것을 가진 사람도 빈손으로 떠나고, 아무리 큰 권력을 가진 자도 그 힘을 가져갈 수는 없다. 이처럼 죽음은 모든 것을 공평하게 만드는 힘이 있다.

10장 ⚭ 인간은 태어날 때부터 죽음을 향해 달려가고 있다

그런데 죽음이 공평하다 해서 우리에게 어떤 의미가 있다는 걸까? 누구나 죽음을 맞이해야 한다는 것은 각자의 방식으로 빛나는 삶을 살아야 할 이유가 될 수 있다. 누구도 죽음을 피해 갈 수는 없지만 삶을 통해 무엇을 남길지는 우리 자신이 결정할 수 있기 때문이다.

사람은 저마다 다른 삶의 조건을 가지고 살아간다. 그리고 죽음 이후에는 자신의 흔적들을 남겨 놓는다. 누군가는 훌륭한 예술을 남기고, 누군가는 지극한 사랑을 남기며 또 누군가는 귀감이 되는 선행을 남기기도 한다. 이처럼 사람은 저마다 삶의 흔적을 남기며, 이것은 죽음이 공평하다는 사실과 함께 삶에 의미를 부여한다.

사실 죽음을 두려워하지 않는 사람은 드물다. 그러나 죽음이 공평하다는 점을 상기하면 때로는 불공평한 세상 속에서 일종의 위안으로 작용할 수 있다. 또한 살아가면서 너무나 많은 고통을 겪은 사람에게 죽음은 더는 시달리지 않도록 불공평한 세상과 단절시켜 주는 안식처가 될 수 있다.

죽음은 우리가 살아가고 있는 지금 이 순간을 더 소중하게 만들어 주기도 한다. 만약에 사람의 수명이 영원하다면, 하루하루는 끊임없이 반복되는 지루한 일상에 불과했을 것이다. 그러나 누구에게나 공평한 죽음이 있기에 우리는 살아있는 매 순간에 의미를 부여할 수 있고 더 열심히 살고자 하는 의욕을 불러일으킬 수 있다.

또한 죽음은 우리에게 겸손함을 가르쳐 준다. 어떤 삶을 살았든, 결국 우리는 모두 같은 곳으로 향한다. 그 사실을 깨달으면 우리는 남을 시기하거나 미워하기보다는 죽을 수밖에 없는 존재라는, 같은 한계를 지닌 인간으로서 서로를 따뜻하고 너그럽게 바라볼 수 있다.

"나도, 너도 결국 우리 모두 떠난다."

이 단순한 진실은 우리가 살아 있는 동안 서로를 더 존중하고 사랑해야 할 이유를 만들어 준다.

이처럼 죽음은 누구에게나 공평하다. 물론 죽음은 삶의 끝이라는 점에서 두려움의 대상이 되기도 한다. 하지만 어차피 피할 수 없는 것이고 조금만 관점을 바꾸면 모두가 죽음 앞에서는 평등하다는 점이 오히려 위로가 될 수 있다.

다만 죽음은 공평해도 세상의 불공평함은 그와는 무관하다. 죽음도 그것을 해결해 줄 수는 없다. 그렇기 때문에 더더욱 불공평함 속에서도 각자의 삶을 빛나게 할 방법을 찾아야 한다고 본다.

죽음이 모두에게 공평하다는 말은 곧 모든 삶이 유한하다는 걸 의미한다. 그 유한성은 우리가 하루하루를 소중히 여기며, 지금 이 순간을 의미 있게 살아가야 할 이유가 될 수 있다.

현실적으로 삶은 저마다 출발선이 다르고, 삶의 조건 역시 사람마다 제각각이다. 그러나 죽음 앞에서는 누구나 같은 위치에 서게 된다. 아무리 많은 부와 권력을 가졌더라도, 죽음 앞에서는 아무런 의미가 없다. 이 평등함은 인간 삶의 본질적인 가치를 다시 생각하게 한다. 죽음이 모든 것을 가져간다면 진정으로 중요한 것은 우리가 남기는 흔적, 예를 들면 사랑과 배려, 이해 등의 가치와 세상에 긍정적인 영향을 끼치는 모든 것이 중요하고 그것이 인간의 삶이 갖는 본질적인 가치일 것이다.

죽음이 공평하다는 사실을 차치하고서라도 죽음은 그 자체로 삶에 방향성을 제시하는 순기능이 있다. 무한히 살 수 있다면 우리는 무엇을 해야 할지 몰라 방황할지도 모른다. 하지만 죽음이 있기에, 삶이 유한하다는 걸 피부로 느낄 수 있고 그렇기에 우리는 우선순위를 정할 수 있다. 무엇이 가장 소중한가? 나에게 진정으로 중요한 것은 무엇인가? 죽음은 우리에게 이러한 질문에 답하도록 유도하고 그 답을 찾는 과정을 통해 삶을 더 가치 있게 만든다.

또한 죽음은 삶의 아름다움을 완성하는 마지막 퍼즐이기도 하다. 만약 우리가 영원히 살 수 있다면, 꽃이 피고 지는 계절의 변화, 하루가 저물고 밤이 오는 경이로움 등 대자연이 만드는 절경과 사랑의 순간조차도 지금보다 덜 특별하게 느낄 것이다. 하지만 우리는 유한한 존재이므로 삶의 작은 순간조차 감사할 줄 안다. 따라서 죽음은 삶의 끝이 아니라, 가장 공평하면서도 삶이라는 빛나는 여정을 돋보이게 해 주는 그림자이다.

나는 내일 죽더라도
아쉽지 않다

"나는 내일 죽더라도 아쉬운 게 없어."

사실 이 말은 쉽게 나올 수 있는 말이 아니고 일상을 살면서 자주 할 만한 말도 아니다. 하지만 나는 이따금씩 내일 죽게 되도 아쉬울 게 없다는 말을 한다. 어차피 인간은 언젠가는 죽기 마련이고 그 시기가 조금 앞당겨지든 뒤로 밀리든 나에게는 큰 차이가 없다.

우리는 모두 언젠가는 죽음을 맞이한다. 이것은 다른 어떤 것보다 분명한 사실이고 바뀌지 않는 진리이다. 하지만 누군가에게는 가장 꺼려지는 주제이기도 할 것이다. 사실 '죽음'이라는 단어 앞에서 아무런 동요 없이 평온할 사람은 많지 않을 것이다. 누구나 죽음 이후에 벌어질 일에 대해 막연한 두려움을 갖고 있기 때문이다. 그래도 죽음은 누구도 피할 수 없는 운명이다.

죽음은 삶과 아주 밀접하게 연결되어 있기도 하다. 삶의 시작이 곧 죽

10장 🞡 인간은 태어날 때부터 죽음을 향해 달려가고 있다

음을 향한 여정이므로 삶과 죽음은 따로 떼어놓을 수 없는 한 묶음이다. 긴 인생을 살면서 죽음에 대해 진지하게 생각할 기회가 많지는 않지만 그래도 삶과 죽음이 연결되어 있다는 사실을 받아들일 때 우리는 삶을 새로운 시각으로 바라볼 수 있게 된다. 내 경험에 의하면 이것을 이해하는 순간부터 더는 죽음이 두렵지 않다. 그래서 내일 죽더라도 아쉬운 게 없다고 말할 수 있는 것이다.

인류가 수천 년 동안 풀지 못한 가장 큰 질문 중 하나가 죽음이다. 우리는 언제 죽음을 맞이할지 알 수 없고, 죽음 이후에 무엇이 있는지도 확신할 수 없다. 그래도 확실한 것은 모두가 언젠가는 죽는다는 점이다. 죽음은 인간이 가진 조건 중 가장 보편적이면서도 공평한 요소다. 이 사실이 갖는 압도적인 무게감은 처음엔 두려움으로 다가올 수 있다. 그러나 죽음이 불가피하다는 점을 받아들이면, 그전까지와는 완전히 다른 시각을 가질 수 있다.

인간인 이상 언젠가는 죽음을 맞이해야 한다는 사실은 우리의 삶이 유한하다는 걸 의미한다. 그래서 우리는 하루하루를 귀하게 여길 수 있다. 만약 우리에게 영원히 사는 것이 허락되었다면 시간마저도 가치가 떨어졌을 것이다. 무한한 시간 속에서 '오늘'은 특별한 의미를 갖기가 어렵기 때문이다.

하지만 죽음이 존재하기 때문에 지금 이 순간은 다시는 오지 않을 소중한 순간이 된다. 일상을 살아가는 순간순간 삶의 소중함을 느낄 수 있다면 그것만큼 삶을 생기 있고 풍성하게 만들어 주는 것도 없을 듯싶다.

"만약 내일이 내가 이 세상에서 보내는 마지막 날이라면 지금까지의 내 삶에 만족할 수 있을까?"

이 질문은 내 삶을 다시 돌아보게 하고 하루하루를 더 충실하게 살아가도록 독려한다. 어차피 모두 죽을 수밖에 없다면 죽음을 미리 걱정하며 시간을 낭비하기보다 그 사실을 인정하고 오늘을 살아가는 데 집중하는 것이 훨씬 효율적이다.

죽음을 자연스럽게 받아들이는 사람은 삶의 진정한 가치를 더 잘 이해한다. 물질적인 부나 사회 지위가 결국에는 죽음 앞에서 아무런 의미가 없음을 깨달을 때 우리는 더 본질적인 것들에 집중하게 된다. 사랑, 관계, 나눔, 성장과 같은 가치가 외적인 조건보다 빛나는 이유는 그것들이 우리의 삶을 더 깊고 풍요롭게 만들어 주기 때문이다. 또한 내 삶의 흔적으로 이러한 가치들을 남길 수 있는 사람들은 더더욱 삶에 연연하지 않는 모습을 보인다.

나 역시 할 수 있는 최선을 다하며 열심히 살고는 있지만 삶 자체에 대한 미련은 많지 않다. 만약 지금이 내 인생의 마지막이라고 한다면 그것도 나쁜 것은 아니라고 생각한다. 다만 지금 이 말을 할 수 있는 이유는 내가 지금 죽더라도 끝이 좋기 때문이다. 만약 지금 죽는데 끝이 나쁠 상황이라면 나는 지금 죽어도 아쉽지 않다, 라는 말은 하지 못할 것 같다. 그래서 지금 죽어도 나쁘지 않은 때라는 사실에 감사한다.

많은 사람이 죽음이 두려워 미리 준비하거나 피하려 하지만, 죽음에 대한 시각을 조금만 바꾸면 그동안 놓치고 있었던 중요한 것들을 볼 수 있다. 우리는 내일이 보장되지 않다는 사실을 알면서도 때로는 마치 영원히 살 것처럼 행동한다. 그러나 죽음이 언제 찾아올지 모른다는 사실을 깨닫는 순간 우리의 삶은 더 의미 있고 충실해질 것이다.

죽음을 받아들이는 것은 결국 삶을 온전히 받아들이는 것과 같다. 삶과 죽음은 한 묶음으로 연결되어 있고 삶이 유한하다는 사실을 인정하는 태도는 우리를 더 성숙하게 만든다. 만약 누군가가 "나는 내일 죽어도 아쉽지 않다"고 말할 수 있다면 아마도 그 사람은 죽음 이후 세상에 아주 좋은 흔적을 남길 수 있을 것이다. 그렇게 말할 수 있다는 행위에는 그만큼 미련이나 아쉬움이 남지 않는 삶을 살아왔다는 뜻을 내포하고 있기 때문이다.

죽음은 우리를 삶의 본질로 돌아가게 만든다. 사람은 누구나 죽을 수밖에 없다. 그렇기 때문에 우리는 짧고도 소중한 삶을 최선을 다해 살아갈 의무가 있다. 다만 삶에 대한 태도는 물 흐르듯 유연해야 한다. 삶은 마치 손가락 사이로 흘러내리는 물과 같아서 끊임없이 변화하며 흘러간다. 그런데 손에 잡을 수 없는 이것을 통제하려고 애쓰는 사람들이 있다.

"더 잘살아야 해."

"더 많이 가져야 해."

"이 순간이 영원했으면 좋겠어."

이런 생각을 하는 이유는 마음에 집착이 있다는 뜻이다. 그것은 삶의 무게를 무겁게 하고 결국 삶에 대한 집착으로 변질된다. 그럼 어떻게 해야 삶에 대한 집착을 내려놓을 수 있을까? 그렇게 하려면 우선 삶 자체가 나의 것이 아니라는 사실을 인정해야 한다. 우리는 삶을 살아갈 수는 있지만 소유할 수는 없다.

삶을 내려놓는다고 해서 그것이 곧 삶을 포기하는 것이 아니다. 오히려 이것은 삶을 더 온전히 받아들이는 태도다. 우리는 모든 것을 통제할 수 없으며 모든 일이 우리의 뜻대로 흘러가지 않는다는 사실을 잘 알고 있고 그것을 인정할 때 비로소 삶의 본모습을 볼 수 있다. 바람이 불면 흔들리는 나뭇가지처럼, 물길 따라 흘러가는 강물처럼, 우리도 삶의 흐름에 몸을 맡길 수 있다.

또한 집착을 내려놓는다는 것은 현재를 온전히 살아가는 일과도 연결된다. 삶에 집착하는 사람은 보통 과거나 미래에 매달린다. 이루지 못한 과거에 대한 후회, 미래에 대한 불안이 집착을 부추기기도 한다. 하지만 지금 이 순간에 집중한다면 우리는 과거와 미래의 무게에서 벗어나 자유로워질 수 있다.

가장 중요한 것은 삶이 유한하다는 사실을 깨닫는 일이다. 삶은 언젠가 끝이 나며 우리는 그 끝을 알 수 없다. 이 진실이 두려울 수도 있지만, 사실은 우리를 해방시키는 진리다. 삶이 유한하기 때문에 우리는 바로 지금을 살아갈 수 있다. 모든 것을 가지려 하지 않고, 모든 것을 통제하려 하지 않고, 그저 지금 내 앞에 놓인 순간을 있는 그대로 받아들이게 된다.

삶에 대한 집착을 내려놓는 것은 삶을 자유롭게 사랑하는 법을 배우는 일이다. 그것은 삶을 더 가볍게 더 즐겁게 만들어 준다. 모든 것을 놓아버리면 우리는 오히려 더 많은 것을 얻을 수 있다. 삶의 진정한 아름다움은 집착 속에서가 아니라 내려놓음 속에서 피어난다. 그러니 이제는 삶에 매달리지 말고 그 흐름 속에 몸을 맡겨 보자. 그러면 삶은 우리가 붙잡으려 했던 것보다 훨씬 크고 아름다운 선물로 다가올 것이다.

폭풍 같은 시간을 보내고 있다면
좋은 일이 생길 거라는 신호입니다

인생은 때로 폭풍 같을 때가 있다. 바다 위의 태풍처럼 예고 없이 찾아오고, 한 번 닥치면 모든 것이 흔들리지만 이제는 안다. 폭풍은 우리를 휩쓸어 버리기 위한 것이 아니라 어딘가로 데려가기 위한 힘이라는 것을.

2023년 나는 최악의 한 해를 보냈다. 열심히 준비하던 일이 해킹이라는 뜻밖의 복병을 만나 공중분해되어 버렸고 노력했던 모든 것이 물거품이 되었다. 자신감은 물론 자존감까지 바닥에 떨어져 바람에 흩어진 모래처럼 사라졌을 때 마치 약속이나 한 듯 나를 둘러싼 상황은 점점 악화되었다. 그 시간은 폭풍처럼 거칠었고 잠시 동안이었지만 나는 그 안에서 중심을 잃었다. 그럼에도 그 시기에 내가 끝까지 놓치지 않으려 노력했던 한 가지는 '언제까지 이렇게 나쁘지만은 않을 거'라는 믿음이었다.

그때 불었던 폭풍은 모든 것을 파괴할 것만 같았지만 오래되고 낡은 것들을 치워 주며 새로운 시작을 위한 자리를 만들어 주기도 했다. 폭풍 같은 시절을 보내고 나서 알게 된 것은 그때의 쓰라린 경험이 나를 더 깊이 고민하게 하고, 내가 나아가야 할 방향을 다시 한번 고민할 수 있도록 중요한 계기를 만들어 줬다는 사실이다. 폭풍 속에서는 보이지 않던 것들이 고요함이 찾아오자 선명해졌고 그때 나는 깨달았다. 나를 괴롭혔던 문제는 내가 더 성장하기 위해 꼭 지나야만 했던 과정이었다는걸.

삶 속에서 만나는 폭풍은 지금이 성장해야 할 때라는 것을 알려 주는 신호다. 내가 너무 편안하게 있을 때, 이제는 변화를 줘야 할 때라는 걸 알려 주는 신호이기도 하다. 농부들은 폭풍이 지나간 뒤 부는 강한 바람이 씨앗을 퍼뜨리고 비가 마른 땅을 적셔 새로운 생명을 키운다고 믿는다. 우리 인생의 폭풍도 마찬가지다. 결국에는 우리를 더 단단하게, 더 넓게 만들어 줄 것이다.

폭풍 같은 시간을 보내고 있다면 그것은 우리에게 새로운 장을 열어 줄 기회를 준비하고 있다는 신호일지도 모른다. 확실한 건 폭풍이 지난 뒤에는 더 맑은 하늘과 상쾌한 공기가 기다리고 있다는 사실이다. 그러니 그 시간 속에서 괴로워만 하지 말고 내면 깊은 곳에서 찾아오는 가능성을 믿었으면 한다.

최근 내가 좋아하게 된 명언이 있는데 "고요한 바다는 결코 숙련된 선원을 만들지 못한다"이다. 폭풍을 겪어 낸 선원이 한층 더 성장하듯 우리도 인생의 폭풍 속에서 더 단단해지고 유능해질 수 있다. 그러니 지금 폭풍 속에 있다면, 그것을 두려워하지 말자. 그것은 곧 좋은 일이 찾아온 다는, 인생이 우리에게 보내는 신호이니까.

많은 사람들이 안락하고 평탄한 삶을 살고 싶어 하지만 아쉽게도 삶은 늘 우리에게 곧은길만을 허락하진 않는다. 예상하지 못한 고난과 시련이 찾아올 수 있고 그럴 때면 우리는 좌절하거나 때로는 삶의 이유까지 의심하기도 한다. 하지만 깊은 밤이 지나면 동이 트듯이 고난의 끝에는 반드시 새로운 희망이 기다리고 있다. 돌아보면 내가 겪었던 시련들은 이후에 다가올 좋은 일들을 잘 받기 위해 준비하는 시간이었다.

우리는 누구나 살아가면서 크고 작은 시련을 겪고 그중 어떤 시련은 피할 수 없을 때도 있다. 어떤 고난은 전혀 예상하지 못한 순간에 찾아오기도 한다. 그것들은 때로는 감당하기 어려운 무게로 우리를 짓누르고 스스로를 무력하게 느끼도록 만들기도 한다. 하지만 고난은 삶의 일부이며 그것을 완전히 피할 수 있는 사람은 없다.

중요한 것은 고난 자체가 아닌 그 고난에 대응하는 우리의 태도다. 바람이 거세게 불 때 나무는 흔들리지만 그 뿌리는 더욱 땅속 깊이 자리를 잡는다. 우리가 살아가면서 겪는 시련도 마찬가지다. 우리 역시 고통과 시련 속에서 성장하며 내면의 힘을 키울 수 있다. 고난은 우리에게 인내와 용기를 가르치고 삶의 본질에 더 가까이 다가가도록 돕는다. 그러니까 시련을 겪고 있을 때, 그것이 언제 끝날지 알 수 없어서 두려워만 하지 말고 이것 한 가지만 기억했으면 한다. 고난이 영원히 지속되지는 않는다는 이치를. 해 뜨기 직전이 가장 어두운 법이고 그 어두운 밤이 아무리 길어도 결국 아침은 온다는 사실을. 고난과 시련이 혹독하고 힘들수록 그 뒤에 찾아오는 기쁨은 더욱 값진 법이라는 진리를.

내 인생에도 그런 순간들이 있었다. 아무것도 하고 싶지 않았을 때가. 하지만 세상의 모든 것은 변하기 마련이고 힘든 시기가 지나면 다음번엔 좋은 일이 생길 차례라 생각하며 버텨 냈다. 그리고 결국 내 생각이 옳았다는 사실을 확인했다.

이처럼 고난은 우리가 좋은 일을 맞이하기 전에 그것을 잘 받도록 준비시키기 위해 찾아올 때도 있다. 그 좋은 일을 잘 받으려면 우리는 그에 맞는 그릇을 준비해야 한다. 시련은 그 그릇을 넓히고 우리를 더 깊고 넉넉한 사람으로 만들어 주는 역할을 한다.

물론 고난을 겪고 있을 때 희망을 잃지 않기란 쉽지 않은 일이다. 아무리 그 뒤에 좋은 일이 올 거라고 해도 지금 당장 괴롭고 고통스러우면 그런 말이 좀처럼 귀에 들어오지 않을 수 있다. 그럼에도 다시 한번 이야기하지만 아무리 힘든 시간도 결국에는 끝이 난다. 고난 속에서 우리는 이것이 영원할 것처럼 느끼지만, 시간이 지나면 그것조차 하나의 추억으로 남을 것이다.

시련이 클수록, 그 이후에 찾아오는 행복은 더 크고 의미 있게 다가온다. 고난 속에서 우리는 자신을 단련하고 그 과정에서 얻은 깨달음과 성장을 밑거름 삼아 더 큰 행복을 누릴 수 있다.

우리네 삶의 이야기에서 시련은 반드시 나쁜 결말로만 끝나지 않는다. 그것은 이후의 좋은 일들을 더 빛나게 하기 위한 과정일 뿐이다. 그러므로 지금 힘들더라도 그것이 영원하지 않을 것임을 믿고 앞으로 나아가야 한다. 얼마나 잘되려고 이렇게 힘드냐, 라고 하면서.

고난을 겪은 뒤에 돌아보면 그제야 비로소 보이는 것들이 있다. 그것은 단순히 좋은 결과만은 아니다. 그 과정에서 우리는 더 강해지고, 더 깊어지며, 더 지혜로워질 수 있다. 나는 그것이 이후의 삶에서도 두고두고 유용하게 쓰일 거라 확신한다. 이처럼 고난은 우리가 성장할 기회를 주며 고난을 견디고 나면 삶의 소중한 것들이 더 선명하게 보이기 시작할 것이다.

삶은 본래 고난과 희망, 시련과 기쁨이 번갈아 가며 이어지는 여정이다. 지금 시련을 겪고 있다면 그것은 이후에 다가올 좋은 일들을 위한 밑거름이다. 그러니 포기하지 말자. 고난 뒤에는 반드시 좋은 일이 기다리고 있으며 그것은 시련을 잘 겪어 낸 우리에게 삶이 주는 가장 큰 선물이니까.

얼마나 잘되려고

초판 1쇄 펴낸 날 2025년 2월 15일

지 은 이   윤성호
펴 낸 이   장영재
펴 낸 곳   (주)미르북컴퍼니
자 회 사   더모던
전   화   02)3141-4421
팩   스   0505-333-4428
등   록   2012년 3월 16일(제313-2012-81호)
주   소   서울시 마포구 성미산로32길 12, 2층 (우 03983)
E-mail   sanhonjinju@naver.com
카   페   cafe.naver.com/mirbookcompany
인스타그램   www.instagram.com/mirbooks